특수집단의 진로교육

김남경 지음

Contents

1장_특수청소년의 진로교육 ⋯⋯⋯⋯⋯⋯⋯⋯⋯⋯⋯⋯⋯⋯⋯ 7

2장_ 영재 청소년들의 진로교육⋯⋯⋯⋯⋯⋯⋯⋯⋯⋯⋯⋯ 133

3장_탈북 청소년의 진로교육 ⋯⋯⋯⋯⋯⋯⋯⋯⋯⋯⋯⋯⋯ 144

4장_다문화 청소년의 진로교육 ⋯⋯⋯⋯⋯⋯⋯⋯⋯⋯⋯⋯ 165

저자 / 김남경

특수집단의 진로교육

Anibig 애니빅

특수집단의 진로교육

저　　자 | 김남경
초 판 발 행 | 2023년 11월 28일

발　행　인 | 문상필
표지디자인 | 권태궁
편집디자인 | 권태궁
펴　낸　곳 | (주)애니빅
등 록 번 호 | 제2008-000010호
주　　　소 | 서울시 영등포구 경인로 82길 3-4 (문래동 1가 센터플러스 715호)
대 표 전 화 | 02-2164-3840
홈 페 이 지 | www.anibig.com
이　메　일 | 0221643840@daum.net

Anibig
book E-book publishing

가격 15,000원
ISBN 979-11-87537-87-8　　93370

ⓒ 저작권은 저자에게 있습니다. 저자와 합의해 인지는 생략합니다.
* 잘못 만들어진 책은 구입하신 서점에서 교환해 드립니다.

copyright ⓒ by Anibig Co., Ltd
Printed in KOREA

들어가며

새로운 교육과정에 진로교육의 중요성이 부각되면서 2022교육과정에서는 고교학점제나, 진로연계학기제 같은 진로중심의 교육과정이 자리잡았다. 진로는 이제 교육과정의 기저에 녹아 있기에 아무리 강조해도 지나치지 않는다. 진로는 직업세계를 탐색한다. 그러한 직업세계는 눈부시게 변화하고 있다. 미래의 직업 세계는 다양한 요인들에 의해 크게 변화하고 있는데 그 중에서도 주요한 변화를 가져오는 요인들을 꼽으면, 첫째, 기술의 발전이다. 인공지능, 빅데이터, 로봇공학 등 첨단 기술의 발전은 새로운 직업을 창출하고 기존 직업의 역할을 변화시키고 있다. 예를 들어, 데이터 분석가, AI 엔지니어, 사이버 보안 전문가 등이 새롭게 등장하고 있는 반면, 반복적인 업무를 기계가 대체하게 되면서 일부 직업은 사라지거나 그 역할이 축소될 수 있다.

둘째, 사회적 가치의 변화다. 지속 가능한 발전, 사회적 공정성, 복지 등의 가치가 중요시되면서, 이러한 가치를 추구하는 직업이 각광받을 것으로 보인다. 그 예로 환경 컨설턴트, 사회적 기업가, 인권 변호사 등이 있다.

셋째, 생활방식의 변화이다. 원격 근무, 프리랜서, 디지털 노마드 등 새로운 근무 방식의 출현은 직업의 형태 자체를 변화시키고 있습니다. 특히, 코로나19 팬데믹 이후 원격 근무가 일상화되면서, 집에서도 다양한 직업을 수행할 수 있게 되었다.

넷째, 교육의 변화이다. 평생학습의 중요성이 강조되면서, 새로운 지식과 기술을 계속 배워야 하는 직업이 늘어나고 있다. 또한, 다양한 분야의 지식을 결합하여 창의적인 해결책을 제시하는 'T자형 인재'가 요구되고 있다.

이러한 변화는 미래의 직업 세계를 예측하기 어렵게 만들지만, 동시에 새로운 기회를 우리에게 또한 특수 집단에게 제공해주기도 한다. 따라서 미래의 직업 세계에서 성공하기 위해서는 변화에 유연하게 대응하고, 계속해서 새로운 지식과 기술을 배우는 자세가 필요하다. 그간 특수교육 내용에서 영재집단과 다문화 집단, 탈북 청소년 집단의 학습내용이 많지 않았다. 본 서에서는 비율적으로 가장 많은 특수교육(장애) 대상자의 교육내용에 큰 비중을 할애 했지만, 영재교육 및 다문화교육, 탈북 청소년 집단의 진로교육 내용을 수록하려고 노력하였다. 다양한 광선이 모여 아름다운 무지개를 만들어 내듯, 우리 사회도 다양한 집단들이 모여 진로게임이라는 리그전을 펼치고 있다. 누군가 합격하면 누군가는 탈락하는 직업세계를 바라보지 않고, 누군가는 이쪽으로 갔으면 나는 저쪽으로 가야지 하는 방향성에 대한 탐구가 수반되는 진로교육을 경험했음 하는 바람이다. 사실 직업세계에서 블루오션을 찾는 자는 타인과 치열하게 경쟁하지 않는다. 다만 타인이 어디로 가는지 보고, 자신의 방향을 결정할 따름이다. 장애라는 절망속에서도 긴 터널을 뚫고, 이화여대 모교 교수로 합격한 이지선씨의 무서운 투지까지는 아니더라도 진로앞에서 뒷걸음 치지 않는 당당한 청소년이 되었음 하는 바람이다.

1장

특수 청소년의 진로교육

「"교육청이죠? 저는 강북의 K 중학교에 근무하는 2학년 담임입니다. 진로·직업부서 담당 장학사님께 뭐하나 여쭤보려고 합니다. 저희 반에 특수교육 청소년이 있는데 어떤 진로·직업교육을 받을 수 있을까요? 학생과 학부모에게 상담을 해주고 싶은데 진로교육에 대한 부분은 잘 몰라서 여쭈어봅니다. 어떤 프로그램들이 있는지 그것을 또 어떻게 이용할 수 있는지 알고싶습니다"」

1. 특수교육 대상자의 개념과 특수교육법

특수교육 대상자는 통상적으로 학습, 행동, 신체, 감성, 사회적 적응 등 여러 분야에서 동료나 동년배들에 비해 유의미한 차이를 보이거나, 일반적인 교육 과정에서 어려움을 겪는 경우를 가리킨다. 이들은 신체적, 정신적, 감정적, 행동적 또는 학습적 어려움으로 인해 특별한 교육적 지원이 필요한 학생들을 포함한다. 따라서 속하는 범주는 광범위하며, 지적장애, 청각장애, 시각장애, 신체장애, 학습장애, 정서·행동장애, 발달장애, 자폐성 장애, 말·언어장애 등 다양한 카테고리가 있다. 이러한 특수교육 대상자들은 그들의 개별적인 요구와 능력에 맞춰진 교육 프로그램을 통해 교육활동에 참여하게 된다. 장애인 등에 대한 특수교육법에 따르면, 특수교육 대상자가 그들의 특성과 능력에 따라 적절한 교육을 받을 수 있도록 하는 법률로서 그 주요 내용은 다섯가지로 요약된다. 첫째는 특수교육 대상자의 권리 보장이다. 특수교육 대상자는 그들의 특성과 능력에 따라 적절한 교육을 받을 권리가 있다. 이를 위해 필요한 교육적 지원과 서비스를 제공받을 수 있다. 둘째는 특수교육 대상자의 교육과정이다. 특수교육 대상자는 그들의 능력 및 요구에 맞춘 개별화된 교육과정을 통해 교육을 받을 수 있다. 이를 위한 특수교육 프로그램의 개발 및 운영이 이루어지게 된다. 셋째, 특수교육 대상자의 평가 및 진단이다. 특수교육 대상자의 교육적 요구와 능력을 평가하고 진단하는 시스템이 마련되어 있다. 이를 통해 특수교육 대상자의 교육적 요구와 능력에 맞는 교육적 지원을 제공할 수 있다. 넷째, 특수교육 대상자의 교육환경이다. 특수교육 대상자는 그들의 교육적 요구와 능력에 맞는 교육환경에서 교육을 받을 수 있다. 이를 위해 특수교육 시설의 설치 및 운영, 특수교육자원의 제공 등이 이루어지게 된다. 다섯째는 특수교육 전문인력의 양성 및 교육이다. 특수교육 대상자의 교육적 요구를 충족시키기 위해 필요한 전문인력을 양성하고 교육하는 체계가 마련되어 있다.

'장애인 등에 대한 특수교육법(특수교육법)'은 장애인 및 특별한 교육적 요구가 있는 사람의 장애유형, 장애정도, 특성을 고려한 교육을 국가 및 지방자치단체 차원에서 보장하기 위해 2007년 5월 25일 법률 제8483호로 제정·공포한 법이다. 특수교육대상자에 대한 특수교육 및 관련서비스를 국가 및 지방자치단체 차원에서 지원하기 위한 제반 사항이 제1장 총칙, 제2장 국가 및 지방자치단체의 임무, 제3장 특수교육대상자의 선정 및 학교 배치 등, 제4장 영유아 및 초·중등교육, 제5장 고등교육 및 평생교육, 제6장 보칙 및 벌칙 등으로 규정되어 있다. 2013년 12월 30일 개정에는 학교에서의 특수교육대상자에 대한 인권 보호 대책이 시급한 최근의 교육현장 상황을 감안하여, 특수교육교원과 통합교육을 실시하는 일반학교 교원의 교육·연수과정에 특수교육대상자의 인권을 존중하도록 하는 내용이 포함되었다. 이 법은 「교육기본법」 제18조에 따라 국가 및 지방자치단체가 장애인 및 특별한 교육적 요구가 있는 이에게 통합된 교육환경을 제공하여, 자아실현 및 사회통합을 하는데 기여함을 목적으로 제정되었다.

2. 연령별 특수교육대상자

특수교육대상자는 시각장애, 청각장애, 지적장애, 지체장애, 정서·행동장애, 자폐성장애, 의사소통장애, 학습장애, 건강장애, 발달지체, 그 밖에 대통령령으로 정하는 장애에 해당하는 사람 중 소정의 절차에 따라 특수교육을 필요로 하는 사람으로 진단·평가된 사람이다(제15조)

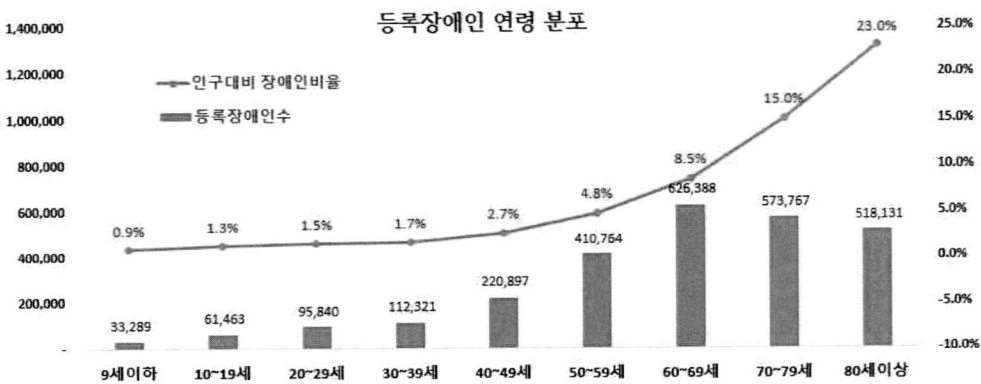

출처: 보건복지부

보건복지부가 보고한 2022년도 등록장애인 현황 통계에 따르면, 15개 장애유형 중 가장 많은 유형은 지체장애(44.3%), 청각장애(16.0%), 시각장애(9.5%), 뇌병변장애(9.3%), 지적장애(8.5%) 순으로 확인되었다. 희소 장애유형은 뇌전증장애(0.3%), 심장장애(0.2%), 안면장애(0.1%) 순이었다. 국내 등록장애인은 지난해 말 기준 265만여명으로 집계됐다. 전체 인구의 5.2% 수준으로 적지않은 수이며 진로교육이 필요한 특수집단으로 볼 수 있다.

3. 특수교육과 전환교육

「특수교육법」은 장애를 갖고 있는 학생들의 장애유형과 정도의 특성을 고려한 교육을 실시하여 자아실현과 사회통합을 하는데 기여함을 목적으로 한다. 전환교육이란 고등학교 2~3학년에 재학하고 있는 장애 청소년이 참여하는 진로직업교육으로 성인이 되어 지역사회 구성원으로서 자립하기 위한 진로와 직업에 대한 교육을 의미한다. 예를들면 사회적 기업의 사업체 견학, 다양한 작업훈련, 모의면접 등이다. 미국의 경우 2004년에 개정된 장애인 교육법(IDEIA)에서는 16세 때부터 전환교육계획을 세워 의무적으로 교육하도록 하고 있다. 전환교육은 학교생활에서 사회생활로 전이되는 과정에서 장애학생의 사회적응을 촉진시키기 위해 실시하는 교육이다. 이는 고등학교를 졸업하기 전에 장애인 서비스 기관 간의 협력체제를 수립해야 하고 대학교육, 직업교육, 취업, 평생교육, 성인서비스, 자립생활, 지역사회활동의 참여로 이어지는 일련의 사회적 자립체계를 계획하고 실시하는 교육을 의미한다. 중요한 점은 전환교육을 계획하는데는 학생 개인의 기호, 취미, 욕구같은 needs를 반드시 반영해야 한다. 또한 학교 기관 가정이 협력체계를 구축하여 국가 부모 교사가 유기적으로 작동하여 교육하는 것이 효율적이다. 전환교육이란 고 2-3 특수교육 대상학생이 결국 '취업'이라는 교육결과를 목표로 개인과 그 가족의 'needs'를 반영하고 학교-가정-기관이 협력체계를 구축하여 실질적으로 '자립하게 하는 교육'임을 의미한다.

4. 개별화전환계획(Individualized Transition Plan)

　특수학교에 재학하고 있을 때에는 장애와 관련된 모든 서비스가 학교를 통해 제공이 되지만, 막상 졸업을 하고 나면 모든 서비스들이 각 중앙정부와 지역사회 사회복지 서비스로 나누어져 제공되기 때문에 졸업한 학생의 부모와 가족이 하나부터 열까지 모두 찾아다녀야 하는 번거로움이 생긴다. 사실 어떤 서비스가 어디를 통해 제공되는지를 알기도 어렵기 때문에 받을 수 있는 서비스도 못받는 경우가 생기기도 한다. 하지만 개별화전환교육을 통해 성인서비스와의 연결고리를 잘 만들어 나간다면 졸업후 홀로서기로 살아가는 데에 어려움을 줄일 수 있다. 장애학생이 재학 중일 때는 졸업 후를 생각하지 못하고 실생활과 동떨어진 학습성과에만 매달릴지도 모른다. 정작 이론적 학습에만 신경을 쓰다가 얼떨결에 졸업을 한 후 딱히 할 일도 없이 가정에만 방치되는 경우가 빈번하다. 국내에도 전환교육계획이 법적으로 16세에부터 마련되면 오죽 좋으련만, 아직 **'법적으로 권장하는 수준'**에 머물고 있다. 전략적 개별화교육이라 할 것 같으면 특별한 것이 아니다 그저 **'조기교육'**이 중요하다는 것이다. 특수학생의 미래를 준비하는 조기전환교육의 필요성에 대해 부모의 이해가 필요하며 이를위해 특수교사와 밀접히 의사교환을 하고 가정에서도 준비를 최대한 일찍 시작하는 것이 유리하다. 교육계획서를 작성하여 산발적인 전환교육이 이루어지고 있지만 보다 **'법률적 의무규정과 neis같은 전산시스템 개발'**이 시급하다.

5. 장애인 교육법(IDEA)의 6가지 원리

장애인교육법(Individuals with Disabilities Education Act)이란 미국의 장애인에 대한 특수교육 및 관련 서비스를 위한 연방 법률이다. 특수교육의 목적을 달성하기 위해, 장애인교육법에서는 6가지 원리를 제시하고 있다. 이는 전 세계 특수교육의 기본 원리로 적용되고 있다. ①배제금지: 어떤 장애를 가지고 있다고 하더라도 교육으로부터 배제되어서는 안 된다는 규정이다. ②비편견적 평가: 인종, 문화, 언어 등 공정하고 비차별적인 다양한 진단과 평가 방법을 사용하여, 평가 대상이 어떤 불이익도 없어야 한다는 원리이다. ③개별화된 적절한 교육: 모든 특수아동은 장애의 유형과 정도에 상관없이, 각 아동의 교육적 요구에 맞게 개별화교육 프로그램(IEP)이 계획되고, 교육을 제공받아야 한다는 원리이다. ④최소제한환경: 장애학생은 가능한 한 비장애 아동과 더불어 제한이 최소화된 환경 속에서 교육을 받아야 한다는 규정이다. ⑤적법절차: 특수교육과 관련된 진단과 배치가 있기 전에 부모의 동의를 받아야 하고 아동의 장애에 대한 모든 정보는 부모 외에는 모두 비밀로 해야한다는 원리이다. ⑥부모와 학생의 참여: 학교는 모든 교육프로그램을 계획하고 실행할 때, 부모나 특수아동을 참여시켜서 교육환경에 배치하고 개별화교육프로그램의 목표 및 관련서비스 등에 대한 의사표현과 의사결정과정에 참여시켜야 한다. 이러한 6가지 내용은 국내 특수교육 부문, 특히 법률과 교육실행 측면에서 차용하고 있다.

6. 개별화교육프로그램(IEP)

개별화교육프로그램(Individualized Education Program)은 장애학생 개개인의 요구 (needs)들을 충족하기 위해 작성된 교육계획안이이다. IDEA에 따르면 특수교육을 받고 있는 3세~21세의 모든 장애학생들은 반드시 IEP가 있어야 한다. 하지만 국내는 의무사항이 아니라 권장사항이다. IEP의 목적은 첫째로 장애학생에게 학습목표를 설정해주는 것이고, 둘째는 제공할 서비스들을 명시하기 위해서이다. 여기에는 학생의 현재 학업성취도, 교육이 이루어지는 환경, 연간목표, 제공되는 서비스, IEP평가, 성인기 전환 필요서비스(14세)에 대한 설명이 포함되어 있다. 개별적이고 전반적인 평가 결과에 의해, 학생이 IDEA에서 제시하는 장애 유형에 속하고 특수교육과 관련 서비스들이 필요하다는 결정이 내려지면, 그로부터 30일 이내에 IEP회의가 열리고 시작된다. 연간 교육목표에 비해 학생의 성취도가 향상을 보이지 않는다면 재검토를 통해 교육목표를 학생의 needs에 부합되도록 조정한다. IEP는 해당 학생의 교육과 관련되어 중요한 역할을 담당하고 있는 학교 관계자, 교사, 외부전문가, 학생, 학생부모가 함께 팀이 되어 작성한다. 특수교육 학생의 장애에서 비롯된 다양한 needs를 충족시키기 위해 IEP팀 구성원이 함께 모여 해당 학생에 대한 평가 정보를 검토하고 필요한 교육적인 프로그램을 계획하게 된다. IEP를 작성하는 데에 있어서 중요한 것은 '**학생과 부모가 작성주체의 제일 중요한 구성원**'이라는 점이다.

7. 전환교육과 자기결정기술

　흔히 학교교육에서 일반적으로 사용하고 있는 용어인 진로교육을 특수교육 분야에서는 '전환교육'이라는 용어로 대체한다. 특별히 장애학생의 진로교육을 전환교육이라고 표현하는 것은 그들의 진로가 일반 학생들처럼 평탄하지 못하고 특정화된 서비스와 개별화된 지원체계를 필요로 하기 때문이다. 여기에 지역사회 구성원으로서의 역할진입이 자연스럽지 못하고, 직업인이 되는 데에 커다란 유리장벽이 존재하기 때문이다. 전환교육이 초점을 맞추어야 할 부분은 역시 독립생활을 위한 직업훈련 및 취업과 관련된 활동이다. 이때 반드시 체득시켜야 할 내적 기술이 있는데 바로 '자기결정기술'이다. 독립적으로 결정하고, 선택하며 자신의 주장을 펼 수 있는 기술로서 성인기 삶의 적응을 위해 반드시 습득해야할 기술이다. 교수방법은 먼저 학생에게 선택기회를 제공하여 독립적으로 무엇인가를 결정하는 경험을 하게 하고, 둘째 학생에게 의사표현 기회를 제공하여 타인에게 자신의 마음을 표현하는 능력을 기르게 하며 셋째, 장애학생의 의사표현을 수용해줌으로써 자신의 의견이 무시당하지 않고 수렴될 수 있다는 확신을 보여주는 것이다. 한편, 전환교육 프로그램을 평가하는 방법은 교사의 특유한 시각으로서의 직관이 필요하다. 사회생활에 성공적으로 적응하기 위하여 '지금 실시하고 있는 전환교육 프로그램이 유익한가'의 여부를 정성적으로 판단하면 된다.

8. 전환교육의 실전공간 보호작업장

인간 삶에 있어서 살아간다는 의미를 부여하는 것에 큰 역할을 차지하는 것은 '직업'이다. 직업을 갖고 직업인으로서 살아가는 것, 경제활동을 하여 돈을 벌고 먹고사는 것이야말로 원초적 삶의 경영이라 할 수 있다. 우리는 직업생활을 통해 신체적, 정신적, 사회적, 경제적 잠재력을 기르고 직무에 대한 만족감을 느끼며 일상의 루틴에 적응함으로써 안정적인 삶을 경영해 나간다. 전환교육은 장기간의 고용상태를 유지하도록 지원하여 사회구성원으로서의 역할을 원활히 수행하도록 돕는 데에 그 목적이 있다. 보호작업장은 중증장애인생산품 생산시설로 운영하는 경우가 많다. 약자보호의 윤리적 원칙에 따라 중증장애인생산품 우선구매제도는 경쟁고용이 어려운 중증장애인들이 장애인직업재활시설의 생산 과정에 직접 참여하여 만든 장애인생산품을 공공기관이 우선 구매함으로써 일자리 창출과 소득향상에 도움을 주는 법정 제도이다. 일례로 용인시보호작업장 쿠키조아는 2009년 개소하여 지역장애인의 직업능력 향상과 중증장애인의 경제적 자립을 위한 일자리를 창출함으로써 행복한 삶을 영위할 수 있도록 도움을 주고 있다. 쿠키조아에서 장애인들이 생산해내는 우리밀 상품은 지역사회에서 호평을 받고 있다. 이렇게 용인시보호작업장은 장애인에게 근로의 기회를 제공하는 사회복지시설이자 용인시 1호 사회적기업으로 기여하고 있다. 전환교육의 실전의 장으로 특수교사나 진로교사들이 적절하게 활용·연계해야 한다.

9. 특수 청소년 진로전략: 진로정보의 제공

장애가 있는 특수교육 대상 청소년의 눈 높이에 맞춘 진학 취업 정보뿐 아니라 학생의 특성을 이해하는 정보가 선행되어야 한다. 어떤 장애가 있는지 장애의 정도는 얼마인지, 어떠한 도구를 사용하여 정확하게 측정하고, 진단하였는지 확인하는 작업이 필요하다. 따라서 개별적인 장애 상황을 고려하여 개별화된 진로 계획을 수립하는 것이 중요합니다. 장애의 종류, 정도, 그리고 학생의 흥미와 역량 등을 고려한 맞춤형 진로 계획을 제공해야 한다. 이어 전문적인 상담을 받을 수 있는 장애인고용공단 같은 진로센터를 활용해야 한다. 이러한 센터들은 장애 학생들의 특성과 장애에 대한 이해를 바탕으로 진로 정보를 제공하며, 상담사들이 학생들에게 적합한 직업을 찾는 데 도움을 줄 수 있다. 하지만 무엇보다 실질적인 경험을 제공이 수반되어야 한다. 이를 위해 현장 체험학습, 인턴십, 직업체험 등을 활용할 수 있다. 이러한 활동은 학생들에게 직접적인 직업 경험을 제공하고, 자신이 관심있는 분야에서 실제로 어떤 일을 하는지 이해하는 데 도움을 줄 수 있다. 한편, 진로 교육 프로그램을 활용할 수 있다. 특수교육학교나 일반학교에서 제공하는 진로 교육 프로그램을 적절히 변용하여 활용하는 것이 바람직하다. 이러한 프로그램들은 장애 학생들에게 진로 선택에 필요한 다양한 정보를 제공하고, 자신의 능력과 흥미를 발견하도록 돕는다.

10. 특수교육 청소년 진로전략: 진로경로의 제공

눈높이를 맞추는 진학, 취업정보도 중요하지만 그에 못지않게 진로경로의 제공도 중요하다. 취업정보가 직업세계의 탐색 및 정보의 획득과 관계되는 것이라면, 진로경로는 진로단계와 취업의 방법적 측면, 모범선례와 자격에 관계한 것에 가깝다고 할 수 있다. 특수 청소년이 잠정적인 진로목표를 세우고 경로를 설정할 때 자신과 유사한 장애를 가진 사람들이 자신들이 숙명적으로 짊어진 장애요소를 어떻게 극복해나갔는지 그러면서 과연 어떠한 경로를 통해 학업과 진학을 이어가고, 취업에 성공 했는지 알아보는 **activity**가 중요하다. 그들의 과정을 탐구하고 면밀하게 검토해봄으로써 자신들의 시행착오를 줄여 나갈 수 있다. 무엇보다 자신감과 도전의식을 고취하는데 도움이 되기 때문에 자기효능감 증진에 중요한 과정으로 반드시 필요한 활동이라고 할 수 있다. 또한 모범적 선례들을 살펴봄으로써 본인들의 꿈을 이룰 수 있는 다양한 경로와 사전에 준비해야하는 다양한 훈련 및 교육뿐만 아니라 취득자격 등에 대한 정보를 획득할 수 있다. 의외로 장애가 있어도 취득살 수 있는 자격증이 많다. "내가 할 수 있겠어? 난 장애인인데..."하는 생각이 본인의 제일 큰 적이다. 그 생각을 버릴 수 있도록 모범선례를 보여주는 것이 중요한 활동이다. 한 번에 많은 것을 할 수 없다. '**마중물 활동부터, 작은 시도 하나**'부터 하면 된다.

11. 특수교육 청소년 진로전략: 학교생활의 적응유도

특수 학생이 학교에 잘 적응할 수 있도록 관심을 갖는 것이 중요하다. 학교에서 교과·비교과 진로활동을 선택하게 하여 원만하게 적응할 수 있도록 도와주려면 특수학생의 특징과 장점을 먼저 디테일하게 파악하고 이제 적합한 진로활동을 선택하도록 도와주어야 한다. 학교 교육과정 중 창의적 체험활동과 연계한 진로활동과 방과 후 프로그램 등을 통해 학교생활에 보다 잘 적응하고 재미를 느끼도록 유도해야 한다. 이 외에도 지역사회에서 제공하는 학교 밖 프로그램을 적절하게 활용해야 한다. 교육부 국립특수교육원 평생교육 온라인 시스템을 비롯하여 전국 특수교육지원센터와 각종 사회적기업 및 지역자치의 지원행사, 센터 등이 있으므로 학생들이 참여할 수 있도록 지원해 주어야 한다. 학교생활에 적응할 수 있도록 조력해주려면 지원범위를 학교 울타리 안으로 한정해서는 안된다. 학교를 통해 보다 넓은 채널과 소통하고, 다양한 장소에서 진로체험 활동을 할 수 있도록 학교 안과 밖의 듀얼트랙 지원이 이루어져야 한다. 학교안에서는 학습에 방해가 되는 장애요소를 찾아 하나씩 제거해주어야 한다. 난독증, 정리습관, 계획관리, 청결, 질문과 대답, 4칙연산, 듣기와 반응 등 일상생활에서 관계설정에 중요한 스킬들을 자연스럽게 습득할 수 있도록 관찰과 면담, 주기적인 체크리스트를 통하여 학생의 신체와 정신, 교우관계와 가정생활 등 모두를 다면적으로 점검해 나가야 한다.

12. 특수교육 청소년 진로전략4: 효과적인 학습지원

　학습부진을 겪는 일반학생들 중에도 장애 위험군(읽기장애, 지적장애, 경계선 지능수준)에 속하는 학생들이 존재한다. 이들은 학습활동에서 특수교육적 접근이 필요한 학생들이다. 즉, 일반적인 교수방법이 아닌 학습부진에 대한 원인 예를 들면, 난독증 위험군 학생은 음운인식능력의 결함에 따른 핵심적인 기초학습기능(자모 읽기, 음운인식훈련, 자소와 음소 대응 인식, 읽기 유창성 훈련 등)을 중심으로 학습활동을 분화시켜 지도하는 교육방법이 필요하다. 또한 지도 과정에서 나타나는 지속적인 개선사항 점검을 통해 교육방법을 조금씩 조정해야 한다. 사실 이러한 교수법을 효과적으로 적용하기 위해서는 많은 훈련과 경험이 필요하다. 특히, 학습장애 학생지도에 초점을 맞춘 프로그램을 사용하고 증거기반 교수방법을 적용하며, 진전도를 평가·점검하는 체계적이고 전문적인 필요하다. 증거기반 프로그램의 교수법, 초기문해, 기초수학에 대한 전문지식이 필요하다. 하지만 단기에 이러한 전문기술을 쌓기가 어렵다. 따라서 장애인고용공단의 디지털능력개발원이나 발달장애사회적응 지원센터 같은 외부의 전문적인 학습조력을 활용하는 방법도 있다. 되도록 온·오프라인에서 제공하는 학습지원을 알뜰하게 받아야 한다. 만일 학습적인 면뿐만 아니라 기술적으로 탁월한 능력이 있는 학생이 있다면 장애인기능경대회에 대하여 알려주고, 참여를 독려하면 좋다.

13. 특수교육 청소년 진로전략5: 자립생활능력의 지원

　서정윤 시인의 시집「홀로 서기」에 있는 詩처럼 기다림은 만남을 목적으로 하지 않아도 좋지만 특수교육은 학생들의 自효을 목적으로 해야한다. 이것은 특수교육을 받는 자녀가 있는 세상의 모든 엄마들의 소소한 소망이자 바람일지도 모른다. 자녀들이 홀로서기를 할 때 만큼 뿌듯한 느낌이 또 있을까? 세상의 모든 사람들이 그렇듯이, 특수교육 대상자 청소년들의 부모가 바라는 가장 큰 목표중에 하나는 아마 '**자립**'일 가능성이 크다. 이것은 특수교사의 바람이기도 하고, 국가적 관점의 인적자원 관리측면에서 바라는 목표이기도 할 것이다. 자립의 목적을 이루기 위해서는 진로교사들이 학부모와 연대하여야 한다. 학부모와의 긴밀한 협력은 장애 학생들의 진로 계획 수립에 중요한 역할을 한다. 학부모들은 자녀의 장애 상황을 누구보다도 가장 잘 이해하고 있으므로, 특수교사나 진로교사의 오랜 시간의 관찰과 기록이 필요치 않다. 따라서 학부모들의 상시적인 소통과 정보제공, 피드백 등은 학교 담당자와 함께 학생의 개별화 진로계획을 수립하는데 중요한 역할을 한다. 학생의 요구에 따라 교과중심 개별화교육계획, 생활지원중심 개별화교육계획을 세우고, needs에 최적화된 활동계획을 수립하는데 중점을 두어야 한다. 하지만 먼저 안전과 관련된 교통수단의 이용, 목적지의 찾기와 귀가, 음식점에서의 식사방법 등 안전생존형 자립방법부터 익혀나가야 한다.

14. 특수교육 청소년 진로전략6: 자립기반사업의 이용

정신적, 신체적, 지적 장애로 인해 혼자서 일상생활이 곤란한 장애인이 지역사회 안에서 자립적으로 살아갈 수 있도록 일상적인 의식주 활동 및 개인적 요구와 필요에 따라 서비스를 제공함으로써 장애인의 욕구충족과 사회참여를 할 수 있도록 돕는 활동을 의미한다. 자립생활 능력은 국가에서 제공하는 장애인자립기반 사업과 활동지원 서비스를 적절하게 이용하는 것이 바람직하다. 예를 들면 한국장애인고용공단에서는 발달장애인훈련센터에서는 발달장애인의 특성에 따라 설계된 체계적인 직업훈련으로 취업을 지원하고, 직업 흥미와 적성을 발견할 수 있도록 현장감 있는 직업체험을 제공한다. 구로, 판교, 광주의 디지털훈련센터에서는 훈련생 역량에 따른 수준별 IT 훈련과정과 장애인 채용을 희망하는 기업의 채용직무에 맞춘 탄력적인 훈련과정 설계를 통해 디지털 인재를 양성한다. 따라서 졸업을 앞둔 특수학교 교사들이나 진로교사들은 IT 훈련과정에 관심을 둘 필요가 있다. 기초는 디지털기기활용 등 기초활용능력을, 중급과정에서는 자격증 취득 및 소프트웨어 테스팅을, 고급과정에서는 소프트웨어 개발 및 빅데이터 기술과정을, 근로자 능력향상훈련에서는 IT 환경변화 등 직무변화에 대응하기 위한 재직자 대상 직무수행능력 향상 훈련을 받게된다. 훈련특전으로 교육훈련비용은 전액 무료이고 교재 및 실습재료를 포함하여 소정의 훈련참여수당, 교통비, 식비도 지급받는다.

15. 한국장애인고용공단: 발달장애인훈련센터

발달장애인훈련센터에서는 발달장애인이 직업체험을 통하여 직업적 흥미와 적성을 발견할 수 있도록 지원하고, 개인별 특성에 따라 설계된 직업훈련을 통하여 취업을 지원한다. 직무훈련, 사회성 훈련 등을 실시하여 체계적인 직업훈련을 통한 성공적인 취업지원을 하는데, 서울특별시교육청 소속의 고등학교 발달장애 학생의 진로지도 및 직업교육훈련을 하게된다. 일례로 한국장애인고용공단의 발달장애인훈련센터에서 모집하는 상세한 훈련대상은 고등학교 졸업예정자 및 지적장애인이나 자폐성장애 발달장애인을 대상으로 하고, 훈련기간은 1개월 ~ 6개월까지이다. 입학상담과 입학은 연중수시이다. 하지만 지원한다고 모두 참여할 수 있는 것은 아니다. 기초학습, 심리·작업평가, 의료평가 및 면접을 등을 실시하게 되어있어 최소 1주일에서 최대 1개월까지 걸린다. 제출서류는 방문접수 시, 주민센터에서 발급한 복지카드가 필요하며, 장애인증명서로 대체가 가능하다. 합격 시 추가서류는 별도로 안내하게 되어있다. 경제적으로 흥미로운 점은 훈련특전이 있는데, 교육훈련비용은 전액 국비로 운영되고, 여기에 훈련교재 및 식사가 무료로 제공된다. 수당 충족요건 해당자에 한하여 교통비가 월 최대 5만원까지 지급된다. 훈련참여수당은 월 최대 284,000원이며, 취업성공수당이 최대 150만원까지 지급된다. 진로담당교사가 지역사회와 연계하여 전환교육을 실시하기 전에 활용가능한 인프라 중에서 발달장애인훈련센터는 중요하다.

16. 한국장애인고용공단: 직업능력개발원

직업능력개발원은 국내 유일의 기숙형 장애인 공공직업능력개발 훈련기관으로, 산업수요에 맞는 양성훈련을 통해 기능 인력 양성 및 다양한 훈련지원 프로그램을 제공한다. 융·복합훈련을 운영하며 기초부터 복합기능 기술자 양성을 위한 수준별 전문 훈련을 하고 있다. 장애특성 및 개인별·생애주기별 특성에 맞는 특화훈련 운영하고 있으며, 건강관리, 심리·인지재활, 신체능력 등 개인별 프로그램 제공한다. 청각장애인에게는 전기시스템제어, 반도체디스플레이와 관련된 훈련을 하고, 발달장애인을 대상으로는 스마트사무행정 및 서비스산업, 제조기술 훈련을 위주로 하고 있다. 이 외에도 경영사무지원, IT자격증, 디지털리터러시, 비주얼영상디자인, 스마트출판인쇄, 주얼리, 네일아트, 외식응용제빵, 외식응용제과 등있다. 비교적 장애인들이 쉽게 접근할 수 있는 기술들부터 일반인들조차 조금 어렵다 할정도로 난이도가 높은 어려운 기술까지 다양하게 개설되어 있다. 일산, 화성, 대전, 대구, 함평, 부산 등 현재 전국에 6개 직업능력개발원이 있다. 교육훈련비용은 전액 국비로 지원되며, 교재 및 실습재료도 무상으로 제공된다. 훈련기간중 상해보험도 가입시켜준다. 의료지원과 내과 재활의학과 심리상담 정기방문의료검진제를 운영한다. 생활관, 숙식을 무상으로 제공받으며, 훈련과정 수료 후 1년간 적응지원을 받게 된다. 여기에 훈련수당 교통비가 지급된다.

17. 한국장애인고용공단: 맞춤형훈련센터

맞춤훈련센터에서는 교과과정 설계부터 훈련생 선발, 맞춤훈련, 채용에 이르는 일련의 과정을 기업과 연계한다. 즉, 기업이 원하는 직무에 맞추어 유연하게 훈련과정을 설계하여 서비스를 제공하는 훈련 특징이 있다. 전국에 인천부평, 서울충무, 천안아산, 전주, 창원 등 5개가 개설되어 있다. 다른 훈련과 차별화된 특징은 시뮬레이션 작업장이 설치되어 있다는 점이다. 현장과 유사한 실습장 구축 및 모의훈련을 통한 현장적응력의 강화한다. 기업체 현업 과제를 활용한 프로젝트식 훈련으로 실무적응력 제고하도록 교육과정이 개설되어 있다. 무엇보다 현업 실무자가 직접 훈련에 참가하여 생생한 현장 기술 전달을 멘토링 식으로 하고있어서 맞춤형 훈련을 극대화 하고 있다. 이는 어느정도 기업들의 사회적기업 참여효과를 유발시는 효과가 있다. 센터는 기업의 사회적 책임 역할 수행으로 인하여 일반인들로 하여금 기업 이미지를 제고할 수 있도록 조율역할을 한다. 훈련자 입장에서는 취업과 동시에 바로 현장에 투입되어 즉시 가용 인력으로 활용될 수 있는 즉시성이 있다. 뿐만아니라 재교육에 대한 시간 및 경비절감 효과가 있으며, 기업체가 필요로 하는 훈련생 평가 및 선발, 교과과정 설계에 직접 참여하여 현장실무중심의 교과 편성 및 운영도 하여 공급자와 수요자 조율자 모두가 만족하는 시스템으로 운영된다. 교육훈련비용이 없고, 각종 수당도 나온다.

18. 한국장애인고용공단: 디지털훈련센터

디지털훈련센터에서는 구로, 판교, 전라도 광주에만 있으며 융복합훈련, 일반훈련, 특화훈련 등을 실시하고 있다. 훈련의 상세 내용을 살펴보면, 전공기초 교과로, 웹코딩 기초를 트레이닝 하는데, HTML5, CSS3.0, Java(ES6), 반응형 웹, 웹 표준 및 접근성, UI/UX Design, Figma활용, bootstrap, Git/Github 같은 것을 공부하고, 기초 프로그래밍으로는 JQuery, Node.js, SQL활용, 개발문서작성, 한글, 엑셀, 파워포인트(ITQ Master)를 공부하게 된다. 전공심화 교과로는 자바백엔드 프로그래밍 관련 교과를 공부하게 되는데, Java8, Servlet&JSP, SpringMVC, Spring Boot, JPA, Thymeleaf, Restfull API Svr, 클론코딩, AWS Env., 고급 DB, Coding Test 등을 학습하게 된다.

프론트엔드개발 관련 교과로는 Vue/React/Angular, Restfull API Clnt., 클론 코딩, AWS Env., Coding Test, 기타 요구기술을 학습하고, 퍼블리싱/접근성 관련 교과로는 웹 디자인 기초, 웹 퍼블리싱 고급, 접근성 고급, 고급문서 작성법, 기타 요구기술 등을 훈련하게 된다. 일반적으로 지역마다 IT훈련기초(디지털기기 기초활용), 중급(자격증, 소프트웨어 테스팅), 고급 고급(소프트웨어 개발, 빅데이터), 맞춤훈련(기업과 연계한 맞춤훈련)으로 구성되고, 장애인 채용을 희망하는 기업의 채용직무에 맞춘 탄력적인 훈련과정을 설계·운영 한다.

19. 장애인의 구성 및 특징

장애인의 성별비율, 장애 정도별 비율, 장애유형의 비율을 살펴보면, 다음의 그래프와 같다.

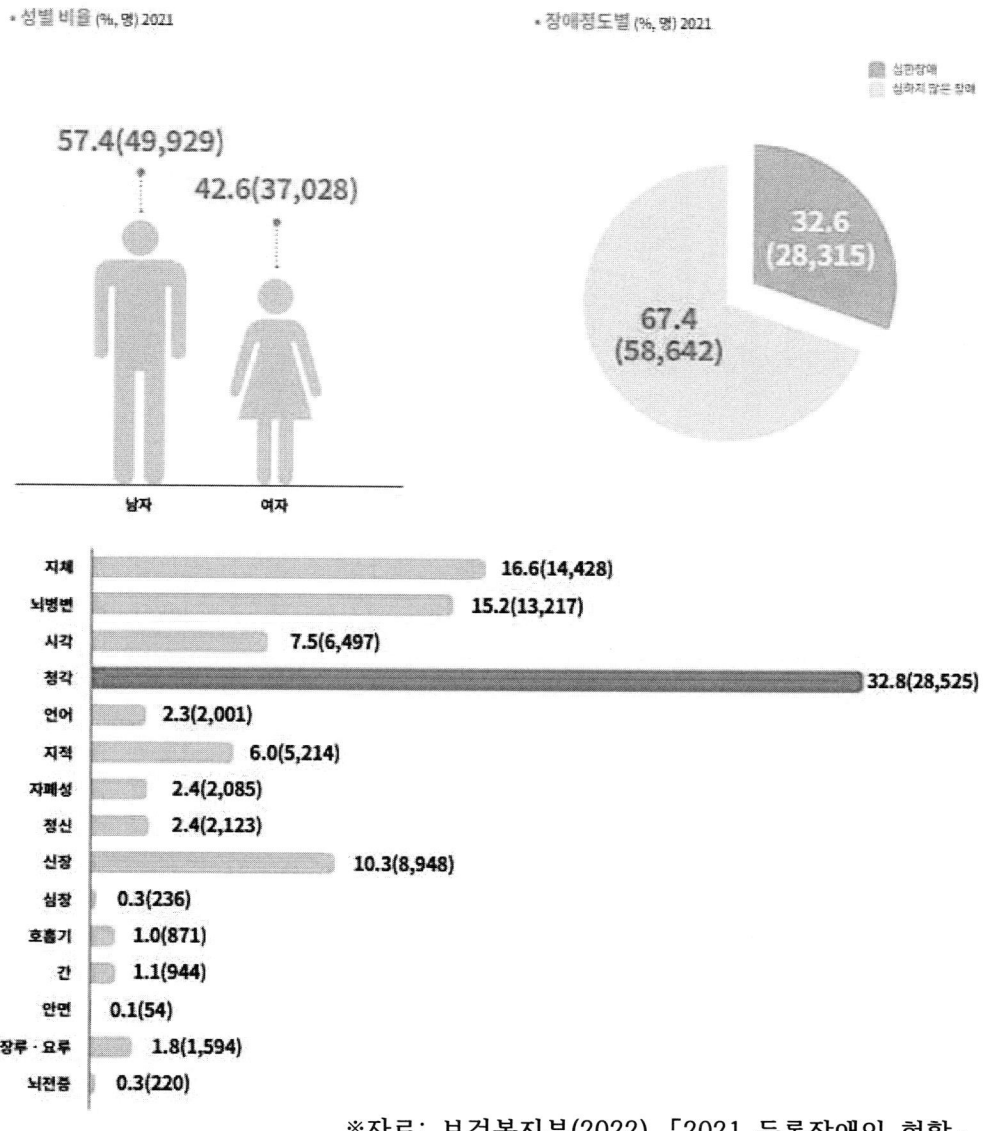

※자료: 보건복지부(2022). 「2021 등록장애인 현황」

20. 스스로를 알아가는 자기개념검사

　　한국장애인고용공단 장애인직업능력평가포털에서 제공하는 특수청소년의 심리검사 중 자이이해관련 검사를 살펴보기로 한다. 자기개념검사는 자신에 대한 느낌, 판단 그리고 장애에 대한 영향정도와 극복의지를 파악하기 위한 검사로 자신에 대한 자신감을 측정하여 앞으로의 사회생활, 직업생활에 있어 장점은 더욱 부각시키고 단점은 보완할 수 있는 방법을 알아보기 위한 검사이다. 자기개념은 삶과 행동에 많은 영향을 미치는 요인으로, 부정적 자기개념은 행동을 위축시키고 자신감을 떨어뜨리며 부적응을 유발한다. 반면, 긍정적 자기 개념은 스스로의 능력을 믿고 자신감을 가짐으로써 새로운 일에 도전하고 적극적으로 생활하게 한다. 스스로 본인의 장애와 구직욕구에 대한 생각을 객관적으로 비교·평가함으로써 구직활동에 도움을 주는 심리검사이다. 검사의 구성은 74문항 4지선다이며 소요시간은 30분 내외이다. 검사 대상은 만 18세이상 지체, 뇌병변장애인이며, 이외 내부장애인과 감각영역장애인 그리고 정신적 장애인이 검사를 활용할 경우에는 공단 평가사 등의 도움을 받을 수 있다. 이 검사는 언어적 지필검사로서 문항을 읽고 답하는데 어려움이 없는 사람들이 활용할 수 있다. 특수학생 자신의 자존감, 자신감 등을 파악하고 이를 통해 장점은 개발하고 단점은 보완하여 직업생활에 도움이 되길 원한다면 이 검사를 실시하는 것이 좋다.

21. 직업기능탐색검사

　　직업기능탐색검사는 수검자가 구직전 고용서비스를 받는 초기단계에서 적합한 서비스를 파악하기 위한 검사이다. 고용서비스는 일반고용(일반기업), 보호고용(보호작업장, 근로사업장), 복지서비스(자립생활센터, 장애인 생활시설)로 구분된다. 검사 대상이 검사는 제한된 연령뿐만 아니라 전체 장애인을 대상으로 실시할 수 있다. 단, 20세미만과 60세이상에 대한 규준과 언어장애인, 안면장애, 신체내부 장애인 규준은 제시되지 않아 해석에 신중해야 한다. 시간제한이나 정답이 있는 검사가 아니며 문항 하나하나를 너무 깊이 생각하지 말고 편한 마음으로 읽은 후, 현재 자신의 상태를 솔직하게 답하면 된다. 본인이 직접 응답하는 검사로 단, 언어적 표현능력이 부족하거나 장애로 인해 표기에 어려움이 있는 경우에는 보호자나 평가사가 대신 기입할 수 있다. 검사결과는 자신의 자존감, 자신감 등을 파악하고 이를 통해 자신의 단점은 보완하고 장점은 개발하여 직업탐색에 도움을 줄 수 있다. 고용 및 재활서비스를 제공하는 기관에서는 장애인의 초기면접과정에서 개인별 장단점을 파악하여 취업계획을 수립하는데 효과적인 검사이다. 진로상담교사로서 이 검사를 적절하게 활용하여 수검자가의 신체적으로 자립, 운동, 언어, 기능등을 파악하고, 정신적으로 작업, 인지, 사회 기능등을 고려하여 적절한 작업 및 작업장을 안내하는 데에 사용할 수 있다.

22. 근로능력을 파악하는 직업기능스크리닝검사

　　직업기능스크리닝검사는 장애인의 근로능력을 측정하기 위한 검사로 고용 및 직업재활서비스를 제공하기 위한 초기 단계에서 주로 실시하는 검사이다. 소요시간은 제한이 없으나, 15분 정도 걸린다. '작업기능'의 7문항, '인지문제해결기능'의 6문항, 그리고 '신체자립기능'의 7문항으로 총 세 영역의 20문항으로 구성되어 있다. 각 문항은 5단계 척도이며, 1점은 전적으로 장애가 필요한 것에서부터, 5점 도움이 거의 필요하지 않은 경우로 나뉜다.

장애로 인하여 해당 기능 수행이 불가능하거나 현저한 제한을 받는 경우로, 다른 사람의 도움이 전적으로 필요한 경우

장애로 인하여 해당 기능 수행에 수시로 제한을 받는 경우로, 다른 사람의 도움이 대부분 필요한 경우

장애로 인하여 해당 기능 수행에 가끔 제한을 받는 경우로, 다른 사람의 도움이 간헐적(때때로)으로 필요한 경우

장애로 인하여 해당 기능 수행에 드물게 제한을 받는 경우로, 다른 사람의 도움이 약간 필요한 경우

장애로 인하여 해당 기능 수행에 거의 제한을 받지 않는 경우로, 다른 사람의 도움이 거의 필요 없는 경우

　　이 검사는 장애유형과 상관없이 모든 장애인을 대상으로 실시할 수 있으며, 검사 시 주의를 산만하게 하거나 방해할 수 있는 요소가 없고, 밝고 조용한 장소에서 검사를 진행해야 한다. 직업재활을 수행하는 기관에서 관련 서비스를 받고자 하여 방문한 장애인, 그리고 취업을 목적으로 의뢰된 장애인에 대하여 직업적 장애를 평가하기 위한 도구로서 활용할 수 있다.

23. 직업선호도 파악을 위한 그림직업흥미검사

'천재는 노력하는 사람을 이길 수 없고, 노력하는 사람은 즐기는 사람을 이길 수 없다.' 독일 심리치료사이면서 「즐기는 사람은 이길 수없다」의 저자인 롤프 메르클레(Rolf Merkle)가 한 말이다. 하지만 이 말은 2500년 전 공자님이 했던 말씀이다. 知之者不如好之者好之者不如樂之者. 논어의 옹야편에 나오는 대목이다. 지지자불여호지자 호지자불여락지자 잘하는 사람이 좋아하는 하는 사람을 따라 갈수 없다는 말이 있다. 특수청소년에게 좋아하게 하는 일을 하게 하면 예비장애인인 일반인들보다 잘하는 일들도 많다. 언어적 검사에 제한이 있는 지적장애인을 대상으로 좋아하고 관심있어 하는 일을 파악하기위하여 그림직업흥미검사를 실시한다. 사람들은 자기가 좋아하는 일을 할 때, 더욱 즐겁고 만족스러하는 것이 인지상정이다. 또, 즐겁게 좋아하는 일을 하다가 보면, 그 일을 더욱 잘하게 되기도 한다. 이 검사는 63문항 2지선다로 소요시간은 20분이다. 만 15세이상 지적장애인에게 실시하는 이 검사는 보여주는 직업그림들이 바로 지적장애를 갖고 있는 학생들의 직업 선호도를 보여준다. 직업영역검사 결과는 6가지 직업분야에 대한 수검자의 흥미점수이다. 흥미가 높은 직업을 가질 경우 더욱 즐겁고, 만족스럽기마련이다. 거기에 선택한 일을 오래 계속할 수 있다. 흥미를 갖고있는 있는 직업에 대한 탐방, 견학, 체험전에 실시 해 볼 수 있다.

24. 구직전 취업준비체크리스트

직업환경이 우리와 비슷한 일본에서 개발한 검사로 한국장애인고용공단이 번안하여 직업상담 과정에서 활용하고 있다. 이 검사는 구직자가 취업을 위해 필요한 심리·행동적 준비상태가 어느 정도 되어 있는지 파악하는 검사로 종합적영역(신체·정신·사회생활·인간관계·학습능력 등)검사성격이 강하며 특히 특수학교에서는 검사결과를 직업준비의 기초자료로 활용할 수 있다. 심층적인 평가로 30분정도 소요되는 이 검사는 구직자가 직접 검사를 실시하기보다는 진로상담교사, 상담원, 특수교사, 보호자 등이 직업상담시 활용하기 위하여 개발된 **'객관적 관점의 검사'**임을 잊지말아야 한다. 검사결과는 [준비됨], [일부 준비됨], [준비부족], [준비안됨] 단계로 구분하여 표시된다. 수검자의 취업준비수준을 파악하고 항목별로 직업준비가 필요한 영역을 분야별로 디테일하게 파악할 수 있는 장점이 있다. 이를 통해 향후의 재활방향, 세부적인 교육훈련 내용을 결정짓는데에도 도움을 받을 수 있다. 하지만 결과를 단지 해당점수만으로 판단해서는 안되며 왜 그러한 결과가 나왔는지 수검자의 인간관계, 물리적 환경, 지역사회 자원, 산업고용상황 등을 종합적으로 검토해 볼 필요가 있다. 진로상담교사는 수점자의 자기이해수준, 주변인에 대한 객관적인식, 직업에 대한 동기 등 심리적인 직업준비도를 다면적으로 반영하여 판단하여야 한다.

25. 청각장애 청소년직업적성검사

　　직업생활에서 필요한 능력을 어느 정도 갖추고 있는지를 파악하기 위한 직업적성 검사로 KEAD 청소년직업적성검사는 청각장애학생을 위한 직업적성검사로 직장생활에서 필요한 중요한 능력들이 어느 정도인지 알아보기 위한 검사이다. 청각장애학생이 청소년 시기에 자신의 소질과 적성 영역을 보다 정확히 스스로를 이해하고 객관적인 직업정보를 탐색하는데 도움이 될 수 있다. 수검자가 직접 검사를 실시하기보다는 진로상담교사, 상담원, 통합반 교사, 특수교사 및 보호자 등이 직업상담시 활용하기 위하여 개발된 검사라고 할 수 있다. 청각장애 학생 중, 고등학교에 재학 중인 청각장애인 청소년으로 표준 수어를 이해할 수 있거나, 한글을 해독할 수 있으면 검사의 대상이 될 수 있다. 이 검사는 지문을 직접 읽고 응답하는 방법 외에 수어동영상과 자막이 제공되는 방법으로도 검사 진행이 가능한 특징이 있다. 지문, 수어 중 본인에게 적합한 진행방법을 선택하여 검사를 진행하면 된다. 타학생과의 비교우위가 가능하며, 직업적성에 대한 정보에 기초해 적성에 맞는 직업들을 알 수 있으므로 직업탐색의 기회로 활용할 수가 있다. 중1에서 고3이 대상이며, 학년변화에 따라 재검사 할 경우, 자신의 적성이 구체화 및 변화되어가는 점을 파악할 수 있는 장점이 있다. 직업생활에서 다양한 능력이 필요하다는 사실을 깨닫게 해주고 성찰의 시간을 가질 수 있다.

26. 특수학생의 청소년진로성숙도검사

　　장애학생의 진로 탐색에 필요한 능력, 태도 그리고 행동을 평가하는 검사로 장애청소년진로성숙도검사는 고등학교와 전공과에 재학 중인 장애학생의 자기주도적 진로탐색에 필요한 태도, 능력, 행동을 평가하게 된다. 장애학생 중 가장 활용도가 높을 것으로 예상되는 내용을 중심으로 지적장애 및 발달장애 학생 수준에 맞게 제작된 검사도구이다. 검사대상자는 고 2~3학년과 특수학교 전공과에 재학 중인 지적장애 및 자폐성장애 학생이다. 지적 및 자폐성 장애 2~3등급 특수교육 대상자들이 수검자로 추천되지만, 지적 및 자폐성장애 1급 학생이라 할지라도 교사(평가사)가 판단했을 때 작업기능 수준이 2~3등급의 타 장애학생과 비슷하다고 여겨진다면 검사 실시가 가능하다. 검사는 본인이 직접 응답하는 검사가 아닌 독특하게도 수점자와 대상자가 구분된 검사이다. 대상 장애학생을 적어도 6개월(1학기) 이상 관찰한 교사(진로교사, 통합반 담임교사, 특수교사, 직업교사) 또는 직업평가사가 실시할 것을 권장한다. 만약 교사가 6개월 이상 검사 대상자를 관찰하지 못한 경우, 검사 대상자를 오랜 시간 동안 관찰한 부모에게 요청할 수 있다. 또는 직업평가사나 사회복지사에게도 요청할 수 있다. 검사대상 학생의 진로성숙 수준이 4개의 선택지에 정확하게 해당되지 않는 경우에는 유사한 수준을 나타내는 선택지에 체크하면 된다.

27. 직업지도: 원예교육보조교사

복지원예사는 원예가 주는 효용성을 적극 활용하여 보다 건강하고, 행복하고 인간답게 살 수 있도록 도와주는 사람을 의미한다. 원예치료사란 식물을 이용하여 정서적·신체적·사회적 장애를 겪고 있는 사람의 재활과 회복을 추구하는 활동을 담당하는 사람들을 의미한다. 원예교육보조교사라는 직업이 있지만 낯설게 느껴질 수도 있다. 비록 복지원예사 또는 원예치료사 아니지만 원예에 관한 교육을 할 때 교육에 필요한 재료를 준비하고 교육이 잘 진행될 수 있도록 돕는 일을 하는 사람을 말한다. 원예로 할 수 다양한 교육 주제중 일반적으로 진행되는 교육분야는 꽃꽂이 또는 화분제작이다. 꽃꽂이나 화분 제작시 원예교육보조교사는 교육과정의 순서를 숙지하고 있어야 한다. 주역할 보다는 보조역할이지만 그래도 일련의 과정을 알고 있어야 한다. 예를 들면 꽃꽂이나 화분 제작시 필요한 재료와 도구로는 프로랄폼, 꽃, 가위 등이 필요함을 인지해야 한다. 이어 재료를 준비한 후, 교육생들을 위한 동일한 재료와 도구를 배분해야 된다. 화분에 꽃꽂이를 하기 전에 꽃줄기 끝을 사선으로 잘라야 하는 법, 교육생들이 이해할 수 있는 예시를 보여주는 것, 플로랄 폼에 길이가 다른 꽃들을 꽂아 꽃꽂이를 완성하고, 화분제작이 완료되면 교육생들에게 꽃을 관리하는 방법을 설명해주어야 한다. 그리고 활동이 끝나면, 재료와 도구를 원위치로 정리도 해야 된다.

28. 직업지도: 새싹재배사

컨테이너 형 스마트팜 자동화 설비를 이용해 싹을 틔우고 포장을 하고 상품을 출하하는 과정을 알고, 과정마다 작업할 줄 알아야 한다. 최근에는 비교적 무인자동화 설비가 잘 갖추어진 새싹재배환경으로 인하여 신체적으로 조금 불편한 장애인이라 할지라도 얼마든지 작업현장에 투입될 수 있다. 일례로 새싹보리는 햇빛과 토양, 기후 등 외부환경 및 오염물질과 차단된 스마트팜 재배기 내부 자연채광과 물, 순수한 공기를 통한 수경재배로 싹을 틔운 후 10cm 가량 성장하면 출하가 가능하다. 새싹보리는 고급 음식점이나 호텔, 대형마트 등에 식재료로 공급되며, 마켓컬리같은 웹 플랫폼 등을 통해 소비자에게 판매되고 있다. 보리 특유의 쌉쌀함과 고소함을 띄는 새싹보리는 샐러드, 주스 등 생채로 먹을 수 있고, 가공 분말을 통해서도 섭취할 수 있다. 새싹보리는 고혈압, 당뇨병, 고지혈증, 심근경색, 대사증후근 등 성인병을 예방하고, 혈관 내 지방 염증 및 콜레스테롤을 줄이는데 효능이 있는 것으로 알려졌다. 최근 유기농, 웰빙, 건강이 중요한 사회적 키워드로 부각되면서 각종 새싹에 대한 수요는 계속 증가할 것으로 예상된다. 더군다나 웰빙 식물 관리까지 점점더 폭을 넓혀가고 있는 장애인 취업 교육 동향에서 새싹재배사란 노동강도와 직무난이도, 식물을 통한 안정 및 작업자 자신의 정서 측면에서 메리트가 있는 직업으로 볼 수 있다.

29. 직업지도: 무인자판기관리원

　무인 자판기의 물건들을 진열하고 관리하는 직업으로 비교적 정리하는 능력과 관리하는 능력이 필요한 직업이다. 하지만 무인자판기 시스템 기기 주변 위생 청결 및 고장, 품절 등 불편사항들을 그냥 지나치지 않고, 면밀히 캐치하는 능력이 필요하다. 여기에 업체에 전화해서 필요한 물품을 채워넣는 것도 필요한 부분이지만, 이러한 주문은 점주가 할 가능성이 크다. 물건의 도난 확인도 주업무 중에 하나다. 그렇다면, 취업까지 어떠한 프로세스로 진행될까? 예를 들자면, 한국장애인고용공단은 국내 이커머스 기업 쿠팡과 함께 대규모 장애인 고용에 성공했다. 쿠팡은 공단의 직무개발 컨설팅을 통해 회사 내 직무를 분석하고, 장애 유형과 특성별 직무를 7개 개발했다. 무인복합자판기 관리원(발달/출근), 배송사진 모니터링원(중증 여성/재택), 배송원 파일럿(장년/출근), 배송원 멘토(중증/재택) 채용 코디네이터(여성/재택), 불법상품 모니터링(여성/재택), 온라인숍 관리원(중증 여성/재택)이다. 쿠팡은 이 장애인 채용직무들을 '이커머스 쇼핑파트너'라고 이름짓고 200명의 장애인을 채용했다. 공단 측에서는 쿠팡 측에 적합한 구직자 추천과 맞춤형 훈련 서비스를 제공했다. 쿠팡의 장애인고용률은 2019년 0.54%에서 2020년 1.84%로 증가했다. 기업, 공단, 개인이 협력한 결과는 비단 구직자의 행복을 넘어 사회적기업의 확장과 인력시장의 유효수요로 볼 수 있다.

30. 직업지도: 사무보조원

사무보조원 직무는 요즘 확대되고 있는 지적, 자폐성장애인 사무보조 직무로 적당하다. 지적, 자폐성, 정신 등 일례로 인사담당자가 면접자의 인적사항에 대해 사내 관리시스템에 입력하기에 힘들 때 입력업무를 보조하는 직무로 근무가능하다. 그 외 면접자의 명찰을 만든다거나 인사서류를 정리한다던가 하는 등의 직무 수행도 종종 이루어지고 있다. 일단은 단순 반복 작업이기 때문에 생각보다 그리 어렵지 않고, 장애인 직원의 능력 범위에서 충분히 수행 가능한 직무이다. 스캔업무 같은 경우, 기존 서류철을 전산화하는 병원 같은 업체들 경우 장애인 아르바이트생을 고용하여 개인정보유출의 위험이 있는 스캔업무를 맡기는 사례도 있다. 서류의 딜리버리 직무 같은 경우, 여러 지점을 가진 사업체의 경우 근로계약서라던가 계약서 같이 원본 문서가 필요한 경우가 있다. 퀵서비스나 지하철 택배를 이용하는 경우도 많지만, 장애인 근로자를 고용하여 딜리버리 직무를 수행하시도록 하는 경우가 있다. 배달업무의 경우 업무 난이도가 낮아 장애인 근로자들도 얼마든지 업무를 수행할 수 있다. 그 외에도 인력파견 업체의 경우 타 업체의 구인정보에 대한 모니터링 업무를 담당할 사람이 필요한 때도 있는데 이 업무를 지적, 자폐성장애인이 담당하고 있는 예도 있다. 또한 한국저작권보호원의 경우 장애인 근로자에게 저작권 모니터링 직무를 맡기고 있다.

31. 직업지도: 온라인 패커(Online Packer)

이마트는 공단의 도움을 받아 장애인 온라인 패커라는 새로운 직무를 찾아냈는데, 매년 장애인 특별채용에서 중증자앤의 합격률이 50%가 넘는다. 이 사실은 직무가 특화되었음을 의미한다. 장애인 온라인 패커는 온라인몰에서 주문된 상품을 각 고객의 주문별로 분류하고, 포장하는 작업을 진행하는 일을 한다. 제한된 시간 내에 물류센터에 모인 상품을 담아 고객라벨을 부착한 뒤 단말기를 이용해 고객별로 상품을 분류하는 활동은 서울 맞춤훈련센터에서 교육하고 있다. 현재(2022년 기준) SSG닷컴은 현재 전국 120여개 이마트 매장의 후방공간을 물류 시설인 PP센터로 활용해 온라인 주문을 처리 중이다. 이러한 온라인 장보기의 전초기지에서 장애인들이 패킹업무를 하고 있다. 브랜드 없는 (No Brand) 차별도 없는 (No Different) 행복한 일을 하는 다수의 장애인들이 있다. 하지만 어두운면도 만만찮다. 코로나 이후 유통업계 온라인시장 확대와 디지털 전환이 가속화되는 가운데 마트에서 온라인 주문을 피킹(집품)하거나 패킹(포장)하는 동자들의 노동환경이 악화되고 있다는 목소리가 있다. 때로는 불규칙한 근무일정과 인력부족에 따른 고강도 노동에 시달리는 경우도 있고 저임금 탓에 장시간 노동에 내몰리고 일도 있다. 제도적 사각지대에 놓인 채 오프라인 매장과 온라인 주문 틈에 끼인 마트 노동자에 대한 제도개선이 필요하다는 목소리도 있다.

32. 직업지도: 의류매장정리원

　운동기능과 정리능력이 갖추어져야 할 수 있으며, 의류매장 손님을 대하는 서비스 직종인만큼 상냥한 말투와 인사가 기획, 생산, 유통을 한 회사에서 다 하는 탑텐, 유니클로, 스파오 같은 SPA브랜드에서 끊임없이 옷을 정리하는 '의류매장 정리원'은 발달장애인에게 적합한 직업이라 할 수 있다. 손님들이 취향에 맞게 옷을 입어볼 수 있는 스파브랜드 특성상 보안태그를 부착한다던가, 의류를 진열하고, 고객이 입어보고 놓아둔 옷을 반듯하게 정리하는 일이 자주 발생하며, 그것을 정리해야 한다.

33. 직업지도: 환경미화원

  환경미화원은 건물의 내부와 외부, 거리 및 기타 공공장소, 운송장비(항공기, 선박, 자동차 등) 등의 청소와 관련된 업무를 담당한다. 건물청소원은 상가, 빌딩, 병원, 호텔, 아파트, 미술관 등의 내부 및 외부를 청소한다. 때로는 거리, 공원 등의 공공장소를 청소하기도 한다. 운송장비 청소원은 버스, 승용차, 항공기, 선박, 기관차 등의 운송장비의 외관을 세척하거나 내부 쓰레기를 청소한다. 혼자 하는 일 같지만 의외로 다른 사람과 협조적이고 원만한 관계를 유지하는 대인관계능력이 요구된다.

34. 직업지도: 간병보조원

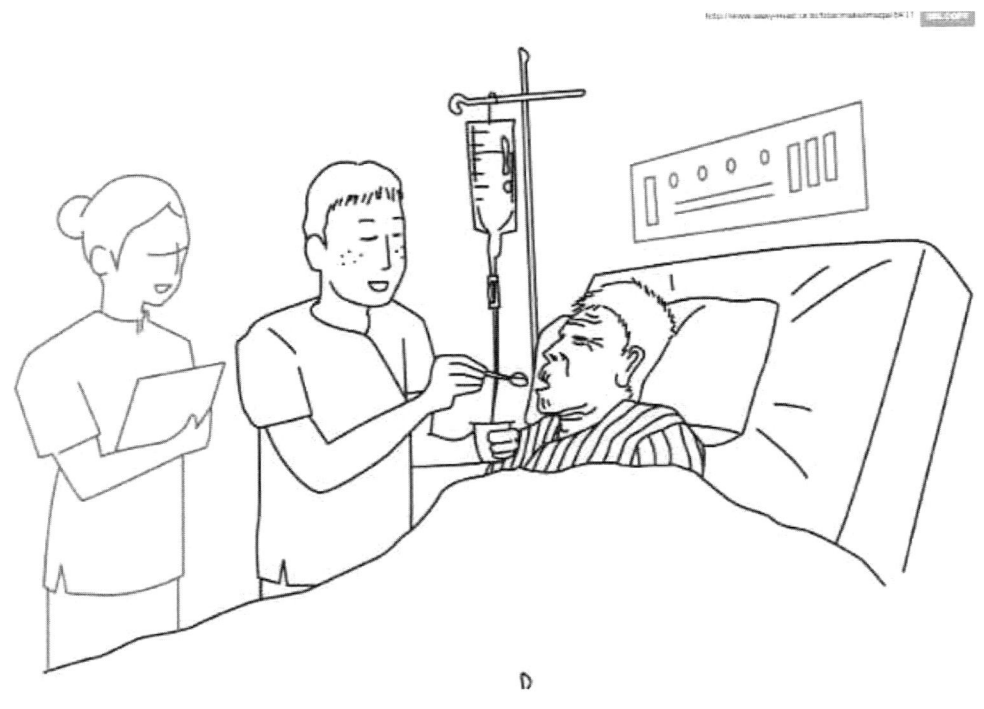

간호보조라고도 하며, 요양병원의 의사나 간호사를 지원하는 업무로서 입퇴원 환자의 안내 및 침상 정리, 약품의 이송 및 물품정리 정돈, 세척, 환자의 안전한 이동 지원, 간호사실 정리 정돈, 간호사실 비품정리, 의료비품 파악 정리, 소독물품, 등의 역할을 하는 직업이다. 그러나 병실 공동생활에서 경험한 사람이라면 낯선 사람들과의 생활스트레스, 프라이버시 없는 생활, 따분함 속에서 24시간을 보내는 일이 많다. 막연히 간병보조사를 지원하지 말고, 내부의 일들을 속속들이 알아보는 것이 중요하다. 대부분 이러한 어려움이 피부에 잘 와닿지 않기 때문이다.

35. 직업지도: 편의점정리원

보통 편의점에는 일반적으로 하루 3번 물건이 들어온다. 오전 10시경 프레쉬푸드, 도시락, 냉장제품들이 들어오고, 점심때 각종 과자류 같은 상온제품은 오후쯤에 들어온다. 그리고 밤에 다시 내장제품이 들어오는 경우가 많다. 들어오는 물건의 양이 어마어마하게 많고, 종류가 다양하고 이름도 비슷하여 정리하는 것이 만만치 않다. 따라서 자신만의 리스트를 작성하는 법을 배워야 한다. 일반적으로 신선제품을 먼저 진열하는 전략을 써야한다. 입고된 물품의 정확한 수량확인이 중요하며, 유통기한이 지난 제품을 선별하는 눈썰미로 항상 모니터링 하는 습관을 가져야한다.

36. 직업지도: 방진복세정원

　방진복세정원은 주로 방진복, 방역복, 또는 다른 고위험 작업복들을 전문적으로 청소하고 관리하는 업체에서 일을 하는 사람들을 의미하낟. 직원들은 다양한 산업 현장에서 사용되는 보호복을 청소하고, 세균이나 바이러스, 먼지 등의 유해 물질을 제거하며, 필요한 경우 손상된 부분을 수리하기도 한다. 또한, 효과적인 세정 과정 후 방진복의 성능을 유지하고, 사용자의 안전을 보장하는 역할도 한다. 하지만 세척하는 일을 주 업무로 하며, 단순 반복작업의 비중이 크다. 단 살균 및 세탁 약품사용의 안전에 각별히 유의해야 하고, 세탁기계 및 건조기 등를 사용하는 경우가 있으므로 손끼임, 머리타박상을 조심해야 한다.

37. 직업지도: 스팀세차원

　스팀세차원은 주로 자동차를 스팀으로 청소하는 서비스를 제공하는 직무를 수행하게 된다. 스팀세차는 기존의 물을 사용하는 방식과 달리, 고온의 스팀을 이용해 차량의 표면과 내부를 청소하기 때문에 특히 화상에 유의해야 한다. 또한 고온 수증기가 눈에 들어갈 수 있기 때문에 시력보호에 만전을 기해야 한다. 스팀세차는 기존의 방식에 비해 상당히 적은 양의 물을 사용한다. 이는 환경 보호에도 큰 도움이 된다. 스팀은 미세한 구멍이나 틈 사이로도 쉽게 들어가서 오염물을 제거하므로, 보다 깊은 청소가 가능하다. 차량의 내부 및 외부를 청소하는 직무를 주로하는 일이니 만큼 자동차에 대해 관심이 있는 지원자들이 좋다.

38. 직업지도: 자전거정비사

　자전거정비사는 자전거의 수리와 관리, 그리고 부품 교체 등을 전문적으로 수행하는 직무를 수행한다. 주요 업무는 단연 자전거의 수리이다. 자전거의 기능적 문제나 손상을 수리하는데 여기에는 브레이크, 변속기, 페달, 체인 등의 문제를 포함하며, 불량 부품의 교체도 한다. 자전거 점검은 정기적으로 자전거를 점검하여 문제가 없는지 확인하고, 자전거의 부품이 손상되었거나 성능이 저하된 경우, 타이어, 체인, 브레이크 패드 등을 새로운 부품으로 교체한다. 한편, 구매한 자전거를 조립하거나, 사용자의 특별한 기호에 맞추어 개조하는 서비스를 제공하기도 한다. 자전거 관련 다양한 문의에 답하고, 유지보수의 팁을 준다.

39. 직업지도: 휠마스터

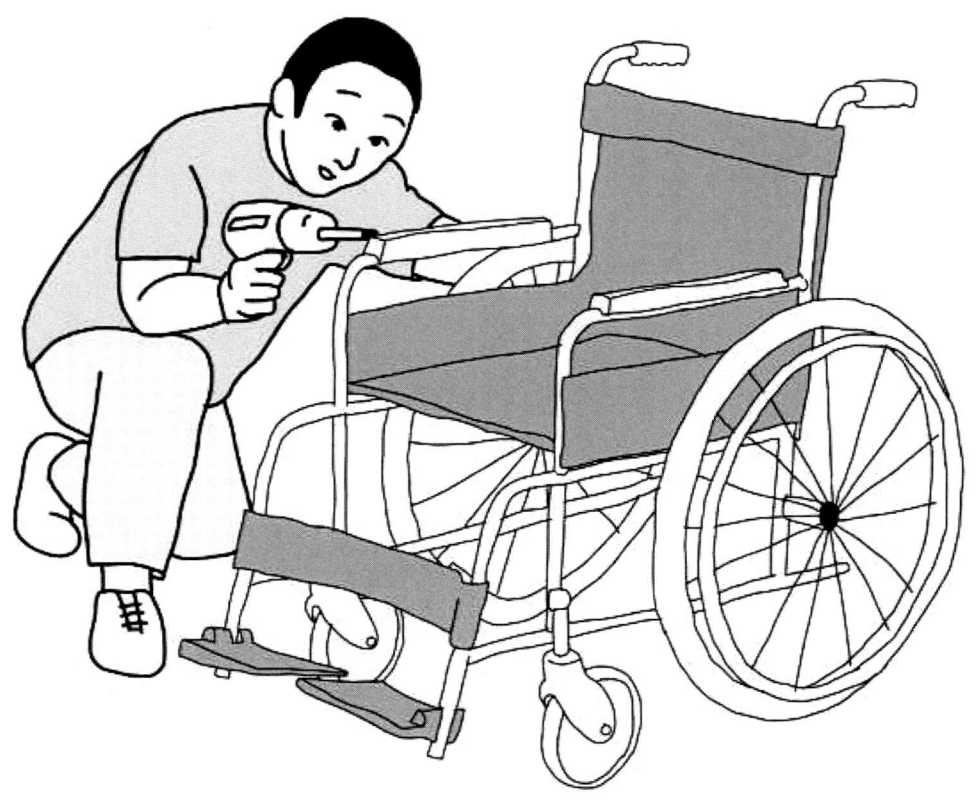

 휠마스터는 다양한 유형의 휠체어를 점검하고, 수리하고, 유지 관리하는 업무를 주로한다. 주요업무는 휠체어의 기능을 정기적으로 점검하여 문제가 없는지 확인하고, 필요한 경우 조정하거나 수리를 권장한다. 이를 통해 휠체어의 성능을 최적화하고, 더 큰 문제가 발생하는 것을 예방하기도 한다. 휠체어의 브레이크, 타이어, 프레임, 배터리(전동 휠체어의 경우) 등을 새로운 부품으로 교체하고 유지 보수 팁이나 안전 지침 등을 제공하기도 한다. 물건을 고치고 분해하는 것에 흥미를 갖고 있는 지원자에 좋다.

40. 직업지도: 놀이공원캐스터

　놀이공원에 대한 막연한 기대라고 할까? 특수학교 학생들에게 놀이공원 캐스터 아르바이트는 웬지 동경의 일자리일 수도 있다. 우리 주위에 롯데월드나 에버랜드가 대표적인데 업무 강도는 어느정도일지 궁금하는 사람들이 많다. "나는 그냥 그 공간에서 사람들 많이 만나면서 일해보는게 꿈이어서 언젠간 꼭 해보고싶은데..그런데 방법이..." 아나운서만큼은 아닐지라도 제법 재밌는 이야기를 곁들여가며 말 잘하는 특수교육 대상자들이 의외로 많은데 이런 지원자들에게 어울린다. 손님에게 다양한 정보를 전달하고, 이벤트를 진행하는 보조역할도 하며, 놀이공원의 맵, 이용 규칙, 안전, 질서 등을 맡는 업무도 수행한다.

41. 직업지도: 삽화디자이너

　삽화디자이너는 그림이나 이미지를 통해 이야기나 개념을 시각적으로 전달하는 역할을 한다. 이들은 다양한 매체, 포맷, 스타일을 활용하여 원하는 메시지를 표현하며, 그 범위는 책, 잡지, 광고, 애니메이션, 웹사이트, 게임 등 매우 다양하다. 고객이나 프로젝트 팀과 협업하여 시각적 콘셉트를 개발하기도하고, 스토리보드를 만들거나 레이아웃을 설계하는 등의 작업도 수행한다. 삽화를 제작하는 주 업무는 전통적인 그림 그리기 방법뿐만 아니라 디지털 그래픽 도구를 활용하기도 한다. 고객의 피드백을 반영하여 색상 조정, 레이아웃 변경, 캐릭터 디자인 등 수정하기도 한다. 삽화 디자이너는 창의적인 사고와 뛰어난 그림 그리기 기술이 필요하며, 상황에 따라 그래픽 디자인, 컴퓨터 그래픽, 애니메이션 등 다양한 기술을 활용할 수 있어야 한다.

42. 직업지도: 생활체육보조코치

'생활체육 보조코치'는 신체적으로 운동기능과 안전의식이 갖추어져있어야 지원이 가능하다. 주로 체육 수업, 팀 훈련, 커뮤니티 스포츠 프로그램 등에서 주 코치를 보조하는 역할을 한다. 이들의 업무는 다양하며, 주로 훈련 계획의 준비와 실행, 운동 기술의 지도, 선수들의 안전관리 등을 담당하게 된다. 주 코치의 지시에 따라 훈련 계획을 준비하고, 선수들에게 운동 기술을 가르치며, 훈련을 관리하고 지도한다. 지시에 따라 필요한 운동 장비를 준비하고, 사용 후 정리도 한다. 또한, 장비의 안전 상태를 점검하고 필요한 경우 수리도 하며 교체를 요청하기도 한다. 하지만 참여자들의 안전에 최선을 다해야 한다.

43. 직업지도: 호텔객실정리원(하우스키퍼)

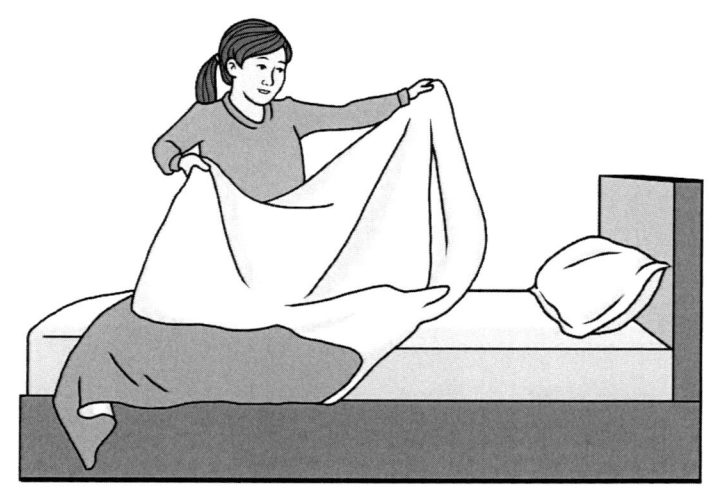

　객실청소가 주 업무인 호텔객실을 정리하는 사람을 보통 '하우스키퍼' 또는 '룸 클리너'라고 부른다. 이들은 호텔 객실의 청결을 유지하고, 투숙객들이 편안하게 머무를 수 있도록 하는 역할을 주로 한다. 객실의 청결을 유지하기 위해 일정한 간격으로 침대 메이킹, 바닥 청소, 화장실 청소를 주로 한다. 사용된 침구와 수건을 교체하고, 필요한 경우 추가적인 침구나 수건을 제공한다. 샴푸, 바디워시, 티슈, 미네랄 워터 등의 어메니티를 보충하기도하고, 객실의 시설이 정상적으로 작동하는지 점검하고, 문제가 발견되면 관련 부서에 보고하는 역할도 한다. 하우스키퍼는 세심함, 꼼꼼함, 청결을 유지하는 능력이 필요하며, 투숙객에게 친절하고 전문적인 서비스를 제공하는 것이 중요하며, 투숙객의 프라이버시를 존중하는 태도도 필수적이다.

44. 직업지도: 주방보조원

'주방보조원'은 주방장이나 요리사를 보조하여 식당의 주방 업무를 원활하게 진행하는 업무를 한다. 이들은 요리 재료의 준비, 간단한 요리, 주방 청소 등 다양한 업무를 수행한다. 주 업무는 요리에 필요한 재료를 세척, 손질, 절단하는 등 요리사가 요리를 시작할 수 있도록 재료를 준비하고, 주방장이나 요리사의 지시에 따라 간단한 요리나 사이드 디시를 만들기도 한다. 주방의 청결을 유지하기 위해 주방 기구를 세척하고, 소독 및 청소를 하기도 한다. 식재료 재고를 확인하고, 필요한 물품을 주문하기도 하며 주방 안전규정을 준수하고, 응급조치를 취하기도 한다. 주방보조원 업무는 요리에 대한 기본적인 이해와 주방기구 사용능력, 음식위생에 대한 철저한 지식, 윤리가 필요하며, 주방장이나 요리사의 지시를 정확히 이해하고 수행할 수 있는 능력이 중요하다.

45. 직업지도: 제과제빵원

'제과제빵원'은 다양한 종류의 빵, 케이크, 과자 등을 만드는 사람을 말한다. 재료 선택에서부터 제품 완성까지 모든 과정을 관리하며, 그 업무 범위는 단순히 빵만드는 것을 넘어서 매우 다양하다. 밀가루, 설탕, 소금, 효모, 계란, 버터 등 먼저 빵을 만드는 데 필요한 밀가루를 반죽한다. 효모의 발효시간에 맞춰 완성한 반죽을 원하는 모양과 크기로 만들고, 토핑을 추가한다. 만들어진 반죽을 오븐에서 적절한 온도와 시간 동안 구운다음 완성된 빵의 품질을 확인하고, 필요한 경우 새로운 레시피를 개발하거나, 기존의 레시피를 개선하는 작업도 수행한다. 제빵사는 빵 만들기에 필요한 기술적 지식과 능력이 필요하며, 음식에 대한 이해와 창의적인 사고, 안전의식도 매우 중요하다.

46. 직업지도: 티마스터

　커피를 비롯한 각종 티종류를 다루는 티마스터는 주로 '티블렌더'라고 불린다. 허브, 차잎, 과일, 꽃 등 다양한 재료를 혼합하여 다양한 향기와 맛의 허브티를 만드는 역할을 주로 한다. 허브티를 만드는 데 필요한 차잎, 허브, 과일, 꽃, 향료 등 허브 재료를 선택하고, 선택된 재료를 적절한 비율로 혼합하여 원하는 향기와 맛의 허브티를 만드는 업무를 주로 한다. 만들어진 허브티의 품질을 확인하고, 필요한 경우 창의적으로 새로운 블렌드를 개발하거나, 새로 만든 허브티의 맛과 향을 평가하며, 기존의 블렌드를 개선하는 작업을 수행한다. 티마스터는 허브, 차, 과일 등에 대한 깊은 이해와 뛰어난 팔레트가 필요하며, 창의적인 사고 능력, 식품 위생 및 안전 규정에 대한 지식이 필수적이다.

47. 직업지도: 진단검사의학보조원

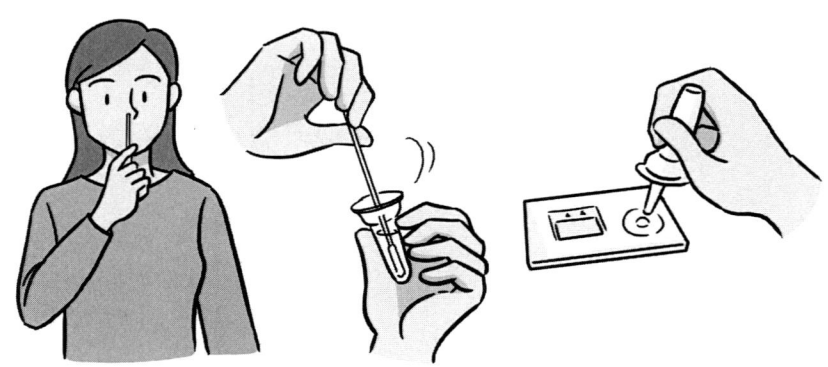

　진단검사를 보조하는 사람을 일반적으로 '진단검사보조원' 또는 '의료기술보조원'이라고 한다. 이 업무를 하는 사람들은 의료기술 사원이나 의사를 지원하여 진단검사를 원활하게 진행하는 역할을 주로 하게된다. 예를들면 환자로부터 혈액, 소변, 대변 등의 샘플을 채취하면서 그들의 통증을 최소화하고, 샘플 오염을 방지하기 위한 주의을 기울인다. 수집된 샘플을 분석할 수 있도록 정제하고, 저장한다. 일반적으로 간호사 의사, 간호조무사가 진행하는 검사를 지원하는데, 검사장비를 준비하거나 검사결과의 기록 등을 보조한다. 장비를 정기적으로 점검하고 청결을 유지하며, 고장을 방지하기 위하여 간단한 유지보수 일도 한다. 때로는 환자가 검사 과정을 이해할 수 있도록 친절히 설명하기도 한다. 진단검사의학보조원은 의료 기술과 장비에 대한 지식이 필요하며, 환자에 대한 이해와 커뮤니케이션 능력도 중요하다. 여기에 의료기록, 윤리, 환자안전 관리 등에 대한 지식도 필수적이다.

48. 직업지도: 데이터매니저

최근에는 자율주행 자동차의 AI 엔진 학습에 필요한 다양한 데이터를 입력하고 관리하는 '데이터매니저' 직무가 새롭게 개발됐다. 데이터매니저는 데이터 레이블링(차, 사람, 식물, 꽃, 동물, 건물, 도로 등 문서의 자료에 이름 달기)을 주로 한다. 이 외에도 오류 데이터를 검증하고 자료저장과 공유 등의 업무를 수행한다. 특히 이러한 업무는 고2,3 자폐성·지적 청소년에게 적당하다. 정확하고, 꼼꼼하고, 단순하고 반복적인 업무에도 지루함을 느끼지 않고 근면성실하게 일하는 강점이 있으며 정해진 규칙·원칙에 따라 하는 일에 대하여 섬세하게 최선을 다하기 때문이다.

49. 직업지도: 음성전달사

음성전달사는 컴퓨터에 나오는 음성을 문자로 옮겨 적어음성 인식 기술에 도움을 주는 업무를 위주로 하는 사람들이다. 쉽게 말해서 '오늘의 날씨는 어떠니? 하고 자신의 스마트폰 인공지능에 물으면, 스마트폰은 오늘은 날씨는 흐리고, 오후 늦게 눈이 올 것 입니다'라고 대답할 것이다. 이때 컴퓨터는 음성을 직관적으로 알아듣는 것이 아니라, 데이터로 변환시켜서 받아들인다. 인공지능이 음성을 정확한 데이터로 인식하는데에 도움을 주고, 또 답변도 문자로 등록하여 인공지능이 알맞게 아웃풋을 할 수 있도록 도와주는 직업이라 생각하면 쉽다. 따러서 청력과 손기술이 중요하며, 컴퓨터 사용능력이 무엇보다 중요한 기술이다.

50. 직업지도: 종이상자제조원

종이상자를 만드는 사람을 '패키지디자이너' 또는 '패키지제조원'이라고 부른다. 다양한 제품을 위한 종이상자를 디자인하고 제조하는 역할을 하는 패키지 종이상자제조원의 주요 업무는 대략 5가지로 요약된다. 마케팅전략에 따라 종이 상자의 크기, 형태, 색상, 그래픽 등을 디자인하고, 디자인된 종이상자를 종이접기, 절단, 붙이기 등의 과정를 통해 제조하며, 제조된 종이상자의 품질을 확인하고, 필요한 경우 개선하는 작업을 한다. 상자 제조에 사용할 재료를 선택하고, 제조에 필요한 공작기계를 조작하기도 한다. 업종지원자는 디자인구성, 기계조작, 손재주 등이 필요하며, 제품에 대한 이해와 디자인적 사고능력도 중요하다. 여기에 품질관리, 기계 안전관리에 대한 지식도 필수적이다.

51. 직업지도: 상품정보분석사

'상품정보분석사'는 기업의 마케팅, 판매, 제품 개발 등 다양한 부서에서 중요한 역할을 한다. 상품에 대한 정보를 수집, 분석하여 기업의 결정 과정에 도움을 주는 역할을 주로 하게 된다. 시장 조사, 고객 행동 분석, 경쟁사 분석 등을 통해 상품에 대한 다양한 정보를 수집하고, 수집된 데이터를 분석하여 상품의 판매 추세, 고객의 선호도, 시장의 기회 등을 파악한다. 분석결과를 보고서로 작성하여 관련 부서나 경영진에게 제공하기도 한다. 분석결과를 바탕으로 상품개발, 마케팅 전략, 판매전략 등을 개발하거나 개선하는데 도움을 주기도 하며 시장의 최신 트렌드를 파악하고, 이를 상품 전략에 반영하는 역할도 한다. 상품정보분석사는 데이터분석능력, 통계지식, 커뮤니케이션 능력 등이 필요하며, 상품과 시장에 대한 깊은 이해도 필요하다. 또한, 전략적 사고 능력과 문제해결 능력도 중요하다.

52. 직업지도: 삽화가(illustrator)

'삽화가'는 문학작품, 잡지, 교육자료, 광고 등 다양한 매체에 사용되는 그림을 만드는, 어찌보면 예술가라고도 할 수 있다. 일러스트레이터는 작품의 주제와 스타일을 결정하고, 그에 맞는 시각적 콘셉트를 개발하며, 컨셉에 따라 그림을 그려나간다. 손으로 그릴 수도 있고, 컴퓨터 그래픽 소프트웨어를 사용할 수도 있는데 최근에는 컴퓨터를 많이 쓴다. 삽화를 그릴 텍스트를 정확하게 이해하고, 그 내용을 시각적으로 표현하는 방법을 연구한다. 고객이나 편집자의 피드백을 받아 그림을 수정하거나 개선하고, 마감 시간을 준수해야 하는 시간관리능력이 요구된다. 삽화가는 뛰어난 그림 그리기 능력, 상상력, 텍스트를 시각적으로 해석하는 능력, 커뮤니케이션, 시간관리 능력, 그리고 필요에 따라 그래픽 디자인 소프트웨어를 다룰 수 있는 기술도 필요하다.

53. 직업지도: 방송제작지원가

 '방송제작지원가'는 방송제작 과정에서 다양한 지원 역할을 수행하는 사람을 의미한다 방송 프로그램의 제작 과정에서 필요한 장비운영, 촬영지원, 편집지원 등의 업무를 수행하고, 방송에 사용될 콘텐츠를 관리하고, 필요에 따라 콘텐츠를 수정하거나 업데이트한다. 촬영장소의 예약, 관리, 촬영준비 등의 업무도 수행한다. 방송장비의 설치, 운영, 유지 보수 등의 기술지원 업무와 방송제작에 참여하는 스태프의 일정관리, 업무조정, 커뮤니케이션 등의 업무를 수행하기도 한다. 따라서 커뮤니케이션 능력, 문제해결 능력, 시간관리 능력 등이 필요하며, 방송장비에 대한 기술지식이 필요하고, 팀 워크와 협업에 능숙해야 한다.

54. 직업지도: 임상연구지원가

'임상연구지원가'는 임상연구과정에 필요한 다양한 업무를 지원하는 역할을 한다. 주요업무는 임상연구의 효율성과 품질을 높이는 것이며, 이를 위해 연구설계, 데이터 관리, 통계분석, 연구결과 보고 등의 역할을 주로 수행한다. 일반적으로 연구과정에서 생성되는 데이터를 수집, 정리, 관리하는 업무, 수집된 데이터를 통계적으로 분석하여 연구 결과를 도출하는 업무, 분석된 결과를 정리하여 리포트로 작성하거나, 학술지에 논문으로 제출하는 업무를 보조한다. 이러한 역할을 수행하는 사람들은 과학적 지식, 데이터 분석능력, 기초통계지식, 보고서 작성능력 등이 필요하며, 연구윤리에 대한 이해도 중요하다. 또한, 팀 워크와 협업에 능숙해야 하며, 임상연구에 대한 기초적 이해가 필요하다.

55. 직업지도: 동료지원가

'동료지원가'는 장애인이나 다른 취약계층이 일자리에 적응하고 성공적으로 업무를 수행할 수 있도록 돕는 역할을 주로 한다. 일례로 일자리 적응 훈련, 업무지원, 정서적 지원 등 다양한 지원 서비스를 제공한다. 새로운 직장에 적응하고 업무를 수행하는 데 필요한 기술과 지식을 가르치고, 업무수행에 어려움을 겪는 경우 직접 도와주거나, 필요한 리소스나 도구를 제공하기도 한다. 업무와 관련된 스트레스나 문제를 해결하기 위해 상담이나 멘토링도 하고, 동료들과의 커뮤니케이션에 어려움을 겪는 경우 자연스럽게 도와주기도 한다. 직장에서 발생할 수 있는 차별이나 부당한 대우를 방지하고, 필요한 경우 권리를 보호하는 역할도 수행한다. 지원자들은 커뮤니케이션 능력, 문제해결 능력, 감정 지원 능력 등이 필요하며, 장애인의 권리와 요구에 대한 이해도 중요하다. 여기에 팀 워크와 협업에 능숙해야 하며, 남을 배려하는 자세로서의 케어링적 사고가 가장 필수적이다.

56. 직업지도: 도시농부

'도시농부'는 주로 도심속 빈 공간을 활용하여 농업활동을 수행하는 사람을 의미한다. 공공공간, 개인의 정원, 발코니, 옥상 등 다양한 공간에서 식물을 재배하고, 도시 생활자들에게 신선한 농산물을 제공하는 역할을 한다. 도시 농부는 제한된 공간에서도 야채, 과일, 허브 등 다양한 식물을 재배하는 방법을 연구하고 실행해야 한다. 재배한 식물을 수확하고, 직접 판매하거나 로컬 시장, 식당, 커뮤니티에 공급하는 팔로가 중요하다. 환경에 미치는 영향을 최소화하기 위하여 유기농, 퍼마컬쳐(Permaculture), 수경재배 등 다양한 방법을 사용하며 농업교육 프로그램을 운영하거나, 커뮤니티에도 참여한다. 이러한 역할을 수행하는 도시농부는 농업과 식물 재배에 대한 지식, 지속 가능한 농업방법에 대한 이해, 커뮤니티와 협력하는 능력, 창의적인 공간활용 능력이 중요하며, 식품 안전과 신선도에 대한 책임감도 필요하다.

57. 직업지도: 면세마케팅사무원

'면세마케팅사무원'은 면세점에서 마케팅 전략을 기획하고 실행하는 업무를 담당한다. 고객의 관심을 끌고 구매를 유도하여 매출을 증가시키는 것이 목적이다. 고객의 행동, 경쟁 상황, 시장 동향 등을 분석하여 효과적인 마케팅 전략을 개발하고, 특정 제품이나 브랜드의 판매를 촉진하기 위해 다양한 프로모션을 기획하고 실행하기도 한다. 고객의 충성도를 높이고 재구매를 유도하기 위해 고객관계관리(CRM) 전략을 수행하는데 구매 데이터를 분석하고, 개인화된 마케팅 메시지를 제공하는 것도 잊어서는 안 되낟. SNS, 이메일, 웹사이트 등 다양한 소통 채널을 통해 고객과 소통하고, 새로운 제품이나 프로모션 정보를 전달한다. 마케팅 캠페인의 효과를 분석하여 개선에 필요한 사항을 파악한다. 따라서 지원자는 마케팅, 커뮤니케이션, 데이터분석 등의 기술이 필요하며, 고객과 시장동향에 대한 깊은 인식이 중요하며, 외국인 상대의 글로벌마케팅에 대한 이해도 어느정도 필요하다.

58. 직업지도: 편의점 스태프

'편의점스태프'는 편의점에서 다양한 업무를 수행합니다. 주요 직무는 고객 서비스를 제공하고, 상품을 관리하며, 매장을 운영하는 것이다. 고객의 문의에 응답하고, 제품 정보를 제공하며, 결제처리를 한다. 또한, 고객이 원활하게 제품을 찾고 구매할 수 있도록 안내한다. 손님이 없을 때는 상품을 정리하고 재고를 관리하며 상품이 부족하거나 유통기한이 다가오는 경우 재고를 보충하거나 제품을 교체한다. 매장의 청결을 유지하고, 안전한 환경을 제공하며, 매출 기록, 재고 관리, 매장 운영에 필요한 문서 작성 등의 행정 업무도 수행한다. 편의점 스태프는 고객 서비스 능력, 기본적인 행정 업무 수행 능력, 상품관리능력 등이 필요하며, 24시간 운영되는 경우가 많으므로, 시간관리도 중요하다.

59. 직업지도: 호텔리어

'호텔리어'는 호텔에서 다양한 서비스를 제공하고, 운영 관리를 수행하는 전문가를 의미한다. 호텔리어는 고객의 체크인, 체크아웃, 방 배정, 예약 관리 등을 처리하며, 고객의 요청이나 문의에 응답해야 한다. 호텔 내의 다양한 시설(객실, 레스토랑, 피트니스 센터 등)의 운영과 관리를 담당하게 되며, 예약상황을 모니터링하고, 예약변경 사항을 처리하며, 예약 가능한 방의 수를 관리해야 한다. 호텔의 판매전략을 개발하고, 프로모션을 기획하며, 호텔의 브랜드 이미지를 유지하는데도 신경써야 한다. 이러한 역할을 수행하는 호텔리어는 고객서비스, 팀 관리능력, 문제해결능력 등이 필요하며, 호텔운영에 대한 깊은 이해가 중요하다. 또한, 다양한 문화와 국가에서 오는 고객을 대상으로 하기 때문에, 다양성에 대한 공감능력과 외국어 능력이 필수적이다.

60. 직업지도: 병원간병보조원

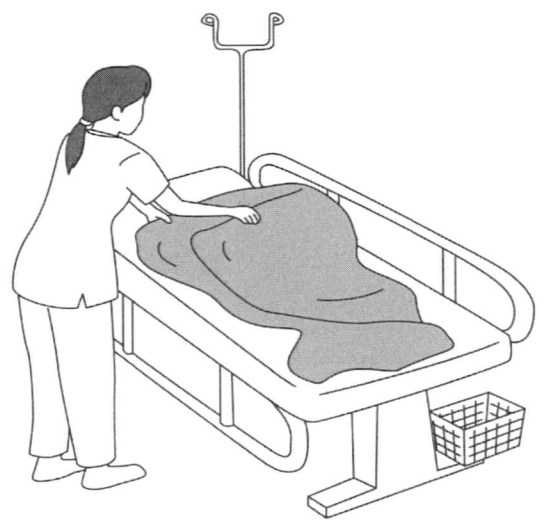

'간병보조원'은 질병, 노령, 장애 등으로 일상 생활에 어려움을 겪는 사람들을 돕는 직무를 한다. 주로 환자나 고령자의 일상 생활을 지원하고, 건강 관리를 돕게된다. 환자의 식사 준비, 목욕 돕기, 청결 유지, 이동 돕기 등의 일상 생활지원 업무를 제일 많이 수행하고, 필요한 약을 복용하도록 돕고, 운동 또는 재활 프로그램을 지원하며, 필요시 의료 기관으로의 방문을 돕는다. 환자나 고령자의 건강 상태를 모니터링하고, 이상 징후가 발견되면 즉시 보고하거나 적절한 조치를 취하기도 한다. 환자나 고령자가 외롭거나 스트레스를 받지 않도록 대화를 나누거나, 기분을 향상시키는 활동을 제안하기도 한다. 환자의 상태와 필요 사항에 대해 가족이나 의료진과 소통하며, 필요한 정보를 전달한다. 따라서 간병보조원은 커뮤니케이션 능력, 인내심, 순간판단능력 등이 필요하며, 기본적인 건강 관리에 대한 지식이 중요하다.

61. 직업지도: 음악단원

'음악단원'은 음악단 또는 오케스트라에서 연주, 공연, 연습 등의 업무를 수행하는 사람을 의미한다. 이들은 각자의 전문 분야에서 최고의 연주를 위해 끊임없이 노력하며, 공동의 목표인 훌륭한 공연을 제공하기 위해 다른 단원들과 협력하는 일을 한다. 전국에 꽤 많은 장애인 오케스트라가 있고, 공연도 정기적으로 한다. 음악단원은 말 그대로 공연에서 연주하는 것이 주요 업무이다. 평소에는 공연을 준비하기 위해 개인적으로 또는 단체로 연습을 하고, 공연 전에는 전체 단원들이 함께 리허설을 통해 공연의 흐름을 파악하고, 연주의 조화를 이루기 위해 노력한다. 공연일에는 정해진 시간에 장소에 도착하여 준비하고, 최선의 연주를 위해 노력한다. 음악단원은 지휘자의 해석을 이해하고, 악보에 적힌 음악을 정확하게 연주하며, 감정이나 표현을 전달한다. 따라서 음악에 대한 이해와 연주기술, 팀워크, 반복적 연습, 갑자기 생길 수 있는 공연에 대한 시간관리 기술이 필요하다.

62. 직업지도: 커피 바리스타

'커피 바리스타'는 커피 전문점에서 고객에게 커피와 다른 음료를 제공하는 역할을 한다. 주로 커피를 선택하고, 추출하고, 제조하는 전문 기술을 갖추고 있어야 한다. 바리스타는 다양한 커피 추출 방법을 이해하고, 내릴줄 알아야 한다. 커피 외에도 차, 스무디, 주스 등 다른 음료를 제조하며, 때로는 간단한 음식도 만들줄 알아야 한다. 고객의 주문을 받고, 음료를 제공하며, 필요한 경우 음료에 대한 설명도 해주어야 한다. 장비의 정기적인 청소와 유지 보수도 하고, 커피 원두, 우유, 시럽, 음료 재료 등의 재고를 관리해야 한다. 이러한 역할을 수행하는 커피 바리스타는 커피에 대한 전문지식, 고객서비스 능력, 기본적인 장비 유지 보수 능력 등이 필요하다. 또한, 바쁜 시간에 고객의 주문을 빠르고 정확하게 처리할 수 있는 능력도 중요하다.

63. 직업지도: 간호조무사 보조원

'간호조무사 보조원'은 보건의료 기관에서 간호조무사를 지원하는 역할을 주로한다. 간호조무사의 지시 하에 환자의 일상생활 지원, 간단한 간호 업무, 병원 내의 일반업무를 수행한다. 요즘은 통합간병서비스병원이 많이 생겨서 인력의 수요가 더 많아지고 있다. 환자의 이동지원, 식사나 목욕 돕기, 환자실 청소 등 일상생활 지원 업무를 수한다. 간호사나 간호조무사의 지시 하에 환자의 체온, 맥박, 혈압 측정 등의 간단한 간호 업무를 수행하기도 한다. 환자의 상태를 지속적으로 관찰하고, 이상징후가 있다면 즉시 간호조무사나 의료진에게 보고하는 것이 중요하다. 이 밖에 의료기기 정리, 의료폐기물 처리, 병원내 청결유지 주로 담당한다. 치료를 진행할 때 필요한 장비 준비, 환자 이동 지원 등을 수행하는 경우도 있다. 따라서 지원자는 커뮤니케이션 능력, 기본적 간호지식, 환자이해가 필요하고, 환자의 상태에 따라 다양한 상황에서 신속·유연하게 대응할 수 있는 능력이 중요하다.

64. 직업지도: 숲 해설가

 '숲 해설가'는 숲이나 자연 보호 구역에서 방문객들에게 해당 지역의 생태계, 동식물, 역사, 문화 등에 대해 설명하는 역할을 한다. 이들은 방문객들이 숲을 이해하고 존중하는데 도움을 주며, 자연 보호의 중요성을 알리는 역할을 주로 수행한다. 숲의 생태계, 지역의 동식물, 지질학, 역사, 문화 등에 대해 방문객들에게 설명하고 숲이나 자연 보호 구역 내의 투어를 이끌며, 투어 경로를 안내하면서 방문객들의 안전을 책임진다. 학생들 및 일반인들을 대상으로 다양한 교육 프로그램을 개발·운영하고 환경 보호에 대한 인식을 높이기 위한 다양한 활동을 주도하거나 직접 참여한다. 평소 한가할 때는 숲의 생태계를 연구하고 관찰하여, 지역의 생태계 변화, 동식물의 상태 등을 모니터링하고 기록하기도 한다. 이러한 역할을 수행하는 숲 해설가는 생태학, 지리학, 역사 등에 대한 깊은 지식, 커뮤니케이션 능력, 투어 가이드 능력 등이 필요하며, 방문객들의 다양한 질문에 대응할 수 있는 순발력과 생태계에 대한 열정도 중요하다.

65. 직업지도: 요가강사

 '요가 강사'는 요가 수업을 지도하고, 학생들이 안전하게 요가 동작을 수행하도록 도와주는 역할을 한다. 요가의 원리와 기법을 가르치며, 학생들의 신체와 마음의 건강을 증진하는데 도움을 준다. 몸이 유연한 특수 학생들이 관심을 가질 필요가 있다. 요가 동작, 호흡법, 명상 등을 학생들에게 가르치며, 각 학생의 능력과 필요에 맞게 수업을 진행한다. 학생들이 잘못된 동작으로 부상을 입지 않도록 안전 지침을 제공하고, 필요한 경우 동작을 수정하거나 조정한다. 학생들의 개별적인 목표와 필요에 맞는 요가 프로그램을 개발하고 지도하는데, 요가를 통해 건강을 유지하고 개선하는 방법에 대해 학생들에게 조언도 한다. 요가의 철학, 원리, 기법 등에 대해 교육하며, 학생들이 요가의 깊은 의미를 이해하는데 도움을 준다. 따라서 지원자는 요가에 대한 깊은 지식, 훌륭한 커뮤니케이션 능력, 감독과 교육능력이 요구된다.

66. 직업지도: 건물청소원

'건물 청소부'는 건물내부의 청결을 유지하는 일을 주로 한다. 다양한 장소의 청소 작업을 수행하여 건물의 청결상태를 유지하며, 쾌적한 환경을 제공하는 데 중요한 역할을 하는 사람들이다. 건물의 바닥, 창문, 문, 가구, 화장실 등을 청소하며, 쓰레기통을 비우고, 필요한 경우 쓰레기를 분리하여 처리한다. 청소장비를 관리하고, 필요한 경우 장비를 교체하거나 수리도 한다. 일정에 따라 청소작업을 계획하고, 필요한 경우 특별청소를 수행한다. 청소 도구, 화장지, 비누 등의 소모품을 관리하고, 재고를 보충하기도 한다. 따라서 건물 청소부는 청소기법, 장비 사용법, 적절한 청소제 사용 등에 대한 지식이 필요하고, 신체적으로 힘든 작업이고 일이 새벽에 시작되므로 체력과 시간관리가 필요하다.

67. 직업지도: 마트 배송기사

'마트 배송기사'는 고객이 마트에서 주문한 상품을 고객의 집이나 지정된 장소로 옮기는 중요한 역할을 수행합니다. 마트에서 고객이 주문한 상품을 픽업하고, 배송 상태를 확인하며, 상품을 안전하게 포장하고, 지정된 배송지로 상품을 운반한다. 배송 일정을 관리하고, 효율적인 경로를 계획하여 상품을 신속하게 배송해야 하는 의무가 있다. 배송 중 발생할 수 있는 문제를 해결하며, 상품파손, 배송지연 등의 문제를 최소화하도록 노력해야 한다. 따라서 면허 및 운전기술, 상품핸들링 기술, 고객서비스 능력이 필요하며, 배송 일정을 효율적으로 관리하고, 교통사고 같은 상황에 대처할 수 있는 문제해결 능력을 갖추고 있어야 한다.

68. 직업지도: 소독 방역사

'소독 방역사'는 각종 전염병의 예방과 확산을 막기 위한 직무를 수행한다. 소독 방역사는 공공공간, 사무실, 학교, 병원 등에서 감염병이 퍼질 수 있는 환경을 관리하고 예방하는 역할을 주로 한다. 또한 공기, 물, 토양의 환경오염을 관리하고, 이를 통해 전염병의 발생 및 확산을 막는 일도 한다. 한편, 감염병에 대한 교육과 상담을 제공하여, 사람들이 자신의 건강을 책임지고 보호할 수 있게 돕는다. 소독 방역사는 전염병의 원인이 될 수 있는 위험 요소를 파악하고, 그것을 관리하거나 제거하는 역할을 한다. 전염병의 발생을 조사하고, 그 결과를 관련 기관에 보고하는 일도 한다. 따라서 지원자는 감염병에 대한 기본적인 지식이 필요하고 사람들의 건강과 안전을 지킨다는 사명감도 있어야 한다.

69. 직업지도: 도그워커

'도그워커'는 반려견의 주인이 바쁘거나, 일정한 시간에 직접 산책을 시키지 못할 때, 도와주는 전문적인 역할을 수행하는 일을 한다. 도그워커의 가장 기본적인 업무는 반려견을 산책시키는 것이다. 일정시간 동안 반려견을 안전하게 산책시켜 운동량을 충족시키고, 신체적·정서적 건강을 유지하게 돕는다. 일부 도그워커는 산책 중에 기본적인 훈련을 제공하기도 하는데 '앉아', '기다려', '가자' 등의 일상적인 명령어를 가르치기도 한다. 그리고 반려견이 다른 개나 사람들과 잘 상호작용할 수 있도록 유도하면서 사회화 능력을 향상시킨다. 산책 중에 반려견의 건강 상태나 행동 변화를 주인에게 보고하는 역할도 잊지말아야 한다. 반려견이 위급 상황에 처했을 때 적절하게 대응하고, 필요하다면 즉시 주인이나 동물 병원에 연락하는 역할도 해야한다. 이처럼, 도그워커는 반려견의 건강·행복을 위해 다양한 역할을 수행한다.

70. 직업지도: 장애인행정도우미

'행정도우미'는 조직이나 기관에서 행정 업무를 보조하는 역할로 보고서, 메일, 공문 등과 같은 문서작성, 스캔, 복사 등을 담당하며, 필요한 경우 문서의 관리와 보관도 담당한다. 회의일정, 업무일정, 출장일정 등을 관리하고 조정합니다. 회의 준비물이나 회의록 작성 역시 주요 업무에 속한다. 조직 내외로부터 오는 전화를 받아 처리하고, 필요한 경우 예약도 도와준다. 또한 필요한 정보를 조사하고 정리하여 관련자에게 제공하며 사무용품 관리, 출입관리, 회의실 예약 등 조직 내에서 발생하는 다양한 보조업무를 담당한다. 행정도우미는 조직의 원활한 운영을 위해 필수적인 역할을 수행하며, 조직원들의 업무 효율성 향상에 기여한다.

71. 직업지도: 안전관리자

'안전관리자'는 조직이나 기관에서 안전과 관련된 업무를 담당하는 전문가이다. 조직의 안전을 위해 안전 정책과 절차를 개발하고 관리하면서 조직 내에서 안전한 작업 환경을 조성하는 역할을 한다. 조직 내의 작업 환경에서 발생할 수 있는 위험을 식별하고, 예방 및 개선을 위한 조치를 수립한다. 조직 구성원들에게 안전 교육과 훈련을 제공하며 안전 절차 및 예방 방법에 대한 이해를 높이고, 사고 발생 시 대처하는 방법을 학습하도록 지원한다. 안전사고가 발생한 경우 안전관리자는 사고를 조사하고 분석하여 원인을 규명하며 이를 통해 유사한 사고의 재발을 방지하기 위한 대책을 마련한다. 안전관리자는 관련된 법규와 규정을 준수하도록 조직을 감시하고 관리하며 안전에 관련된 법적인 요건을 충족시키고, 감사 및 검사에 대비한다. 조직 내의 안전 장비를 관리하고 유지보수 한다. 결론적으로 안전관리자는 조직 내의 안전을 총괄적으로 관리하여 직원들과 시설에 대한 안전을 보장하는 업무를 수행하면서 조직에 잠재하는 위험으로부터 구성원을 보호하고 안전한 작업 환경을 조성하는 일을 한다.

72. 직업지도: 야학교사

'야학교사'는 주간 학교와는 조금 다른 특성을 갖는 야간 학교에서 학생들의 교육을 담당하는 사회봉사직 교사로 학생들의 학력과 수준을 고려하여 교육과정을 개발하기도 학교에서 필요한 교육 목표와 내용을 수립하기도 한다. 야학교사는 학생들에게 각 과목별 수업을 진행합니다. 수업은 주로 저녁 시간대에 이루어지며, 학생들의 학업 능력과 학습요구에 맞추어 진행된다. 때로는 학생들의 학업 및 행동을 지도하기도 하고, 개별 학생의 학습 상황을 파악하고, 필요한 지도와 관리를 제공하여 학생들이 학업적으로 성장할 수 있도록 도움을 준다. 야학교사는 학생들에게 진로 상담을 제공하기도 하고 학생들의 흥미와 잠재력을 파악하여 적합한 진로 선택을 도와주며 검정고시를 통하여 상급학교 및 대학입학을 돕고, 취업에 대한 정보와 지원을 제공하기도 한다.

73. 직업지도: 문화센터노래교실 강사

'문화센터노래교실 강사'는 문화센터에서 노래 교육을 담당하는 레크레이션 전문가이다. 보통 학생들의 연령(10~80대)과 수준에 맞는 노래 교육 계획을 수립하고. 다양한 음악 장르와 노래를 활용하여 수강생들의 음악적인 흥미와 능력을 향상시키는 계획을 세운다. 강좌 참여자들에게 음악 기초지식을 가르치고, 노래 연습과 보컬 훈련을 포함한 다양한 활동을 통해 학생들의 음악적인 능력을 향상시키고, 보컬능력을 향상시키기 위해 트레이닝도 하며 무대 공연을 기획하고 지원한다. 공연 준비와 연습을 지도하며, 학생들이 무대 위에서 자신의 음악적인 재능을 발휘할 수 있도록 한다.개별 학생의 발전 상황을 파악하고 필요한 지도와 조언을 제공하며 음악 이론 지식을 알려주기도 한다. 노래교실 강사는 수강생들에게 음악의 즐거움과 성취감을 안겨주며, 음악 교육을 통해 문화와 예술에 대한 이해와 관심을 키워준다.

74. 직업지도: 사진사

'사진사'는 사진을 찍고 편집하는 등의 작업을 수행하는 전문가로서 다양한 장면과 주제에 맞춰 사진을 촬영한다. 인물, 풍경, 제품, 이벤트 등 다양한 분야에서 사진을 찍으며, 조명, 각도, 구도 등을 고려하여 특별한 순간과 분위기를 담아낸다. 스튜디오에서 인물 사진 촬영을 진행하기도 합니다. 조명과 배경을 조절하여 최적의 조건에서 모델 또는 고객의 사진을 찍어내며, 포트폴리오, 웨딩, 가족사진 등 다양한 요구에 맞춰 촬영을 진행한다. 또 촬영한 사진을 컴퓨터를 통해 편집하고 보정하기도 하며, 웨딩 앨범, 가족 앨범, 여행 앨범을 제작하기도 한다. 요약하여 사진사는 전문적인 기술과 예술적인 감각을 바탕으로 사진을 찍고 편집하여 고객의 요구에 부응하는 결과물을 제공한다. 또한 사진을 통해 소비자가 원하는 순간을 기록하고 아름다움을 표현함으로써 고객에게 감동과 기억을 선사하는 역할을 수행한다.

75. 직업지도: 학교방과후 강사

'학교방과후 강사'는 학생들의 관심과 수준을 고려하여 다양한 활동 계획을 수립하여 방과후 시간에 학생들에게 다양한 활동을 제공하고 지도하는 역할을 수행한다. 전공분야별로 체육, 미술, 음악, 과학 등 다양한 분야에서 학생들의 흥미와 발전을 도모할 수 있는 활동을 계획한다. 방과후 강사는 학생들의 학습을 지원하기도 하고, 붓글씨나, 쿠키교실, 로봇, 드론, 주산, 영어, 방송댄스, 독서토론 등 수요자의 요구에따라 다양한 활동을 한다. 강사는 학생들의 출석을 체크하고, 질서를 유지하며, 갈등 조정도 하면서 학생들의 원활한 참여와 안전한 환경을 조성한다. 또한 학부모와의 소통을 통해 학생들의 상황을 공유하고 협력한다. 학생들의 성과와 발전 상황을 보고하며, 학부모의 의견과 조언을 수렴하여 학생들의 종합적인 발전을 돕는 일을 한다.

76. 직업지도: 헤어디자이너

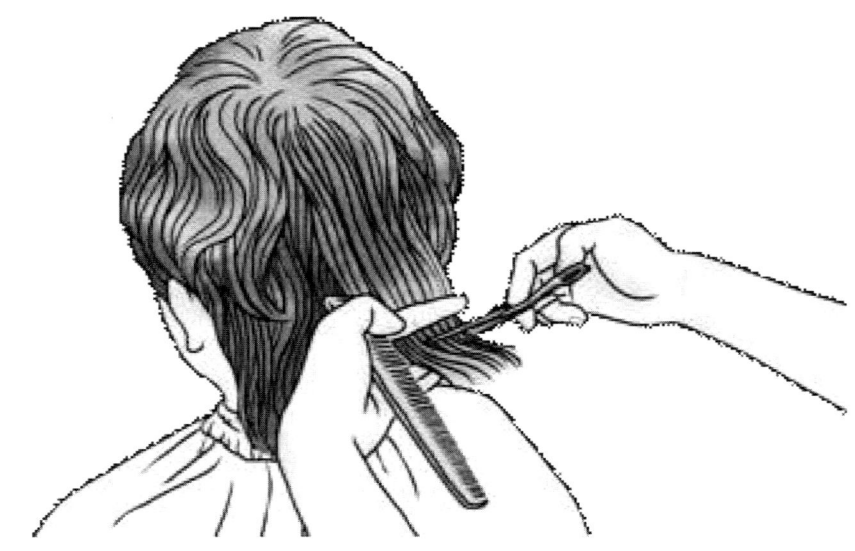

　헤어디자이너는 고객의 헤어스타일을 디자인하고 구현하는 역할을 한다. 고객의 스타일 선호도, 헤어 컨디션, 생활 스타일 등을 파악하고, 이를 바탕으로 가장 적합한 스타일을 제안한다. 제안한 스타일을 구현하기 위해 컷팅, 펌, 염색 등 다양한 기술을 사용하며 특별한 행사나 이벤트를 위한 헤어스타일링도 제공한다. 고객의 헤어 컨디션을 유지하고 개선하기 위해 다양한 헤어 케어 제품과 서비스도 제공한다. 고객의 만족도를 높이기 위해 고객 서비스에 중점을 두며 예약 관리, 서비스 후 피드백 수집 및 처리를 하게된다. 헤어디자이너는 헤어스타일 트렌드가 빠르게 변하기 때문에, 지속적인 교육과 자기 개발이 필요하고, 미용사 자격증이 필요하다. 헤어디자이너는 사람들이 자신들을 표현하고, 자신감을 느끼게 도와주는 중요한 역할을 한다.

77. 직업지도: 환경미화원

　환경미화원은 주로 우리 지역의 거리 골목 같은 장소를 청결하게 유지하는 역할을 맡는다. 가정이나 상업지역에서 발생하는 쓰레기를 수거하고, 분리수거업무도 한다. 공공 장소의 청결을 유지하기 위해 거리, 공원, 건물 등을 청소하는 것이 주 업무이며, 수거한 쓰레기를 적절하게 처리하거나 재활용 시설로 이송한다. 환경미화원이 되려면 학력 제한은 없지만, 체력적으로 건강해야 하며, 일부 지역에서는 청소나 쓰레기 수거 경험이 요구될 수 있다. 지방자치단체나 청소 업체 등에서 진행하는 채용공고를 통해 지원할 수 있으며 일반적으로 서류 심사 후, 실기 및 면접을 통해 최종 선발된다. 채용된 후, 안전 교육, 쓰레기 처리 방법, 청소 기술 등에 대한 교육을 받으며 책임감이 요구되는 직업이다.

78. 직업지도: 소독관리원

아파트 사무실을 소독하는 소독관리원은 보통 전문적인 소독업체에 속해있으며, 아파트 사무실의 크기, 구조, 사용목적 등을 고려하여 효과적인 소독계획을 수립한다. 계획에 따라, 바이러스, 세균, 곰팡이, 벌레 등을 제거하기 위해 다양한 소독제를 사용하여 소독작업을 수행한다. 소독 후, 필요에 따라 추가적인 청소 작업을 수행하며, 소독에 사용된 화학물질을 안전하게 처리한다. 소독 작업이 완료된 후, 작업결과를 고객에게 보고하고, 필요한 경우 추가적인 소독이나 청소작업을 권장한다. 소독작업 중 화학물질을 다루기 때문에 안전규정을 엄격하게 준수하며, 자신과 타인의 안전을 보장한다. 공공의 건강과 안전을 위해 중요한 역할을 수행합니다. 특히, 팬데믹 상황이나 특정 시즌에서는 역할이 더욱 중요해진다. 한편, 소독관리원이 사용하는 소독제는 대부분 강력하므로, 작업시 적절한 보호장구를 착용해야 한다.

79. 직업지도: 택시운전사

'택시운전기사'는 승객을 택시로 목적지까지 안전하게 이동시키는 역할을 한다. 차량의 청결과 정비상태를 유지하며, 필요한 경우 정비소를 방문한다. 무엇보다 친절하고 정확한 서비스를 제공하며 운행 종료 후, 고객으로부터 요금을 수령하거나 카드 결제를 처리해야 한다. 택시운전기사가 되려면 우선 TS국가자격시험(lic.kotsa.or.kr)에서 시행하는 '택시운전 자격시험'에 합격해야 하는데 1종 보통운전면허 이상 소지자, 2종 보통일경우 운전경력 1년이상(원동기,2종 소형 보유기간 제외), 만 20세 이상, 운전적성정밀검사 적합판정을 받아야 한다. 여객 자동차 운수사업법 결격사유에 해당하지 않는 자증을 취득해야 한다. 체력적으로 건강해야 하며, 일부 지역에서는 정기적인 건강검진을 요구할 수 있습니다. 택시운전사는 네비게인션을 잘 볼줄 알고, 친절하면서 배려심 있는 태도와 안전운전 능력이 필요하다.

80. 직업지도: 지하철청소원

'지하철청소원'은 지하철 역사와 카리지 내부의 청결을 유지하는 업무를 주로 한다. 역사 내 공공공간, 화장실, 대기실, 플랫폼 등을 청소하며, 이는 쓰레기수거, 바닥닦기, 벽면청소 등을 포함한다. 또한, 지하철 카리지 내부의 청소도 수행한다. 역사 내에서 수거한 쓰레기를 분리하여 적절한 장소에 배출한다. 공공의 건강을 위해 일정 시간마다 지하철 역사와 카리지를 소독하고, 청소 도구와 장비를 관리하며, 필요한 경우 장비의 보수나 교체를 담당하기도 한다. 지하철청소원의 역할은 공공의 건강과 안전을 유지하는 것이며, 청결상태를 지속적으로 확인하고, 필요한 청소작업을 주로 수행한다. 이 작업은 체력적인 요구가 있는 일이므로, 체력유지와 봉사정신, 시간관리 능력이 중요하다.

81. 직업지도: 파티플래너

'파티플래너'는 다양한 이벤트나 파티를 계획하고 실행하는 업무를 주로 한다. 고객의 요구와 예산을 고려하여 파티의 컨셉, 테마, 장소, 메뉴, 음악 등을 계획하고, 장소 대여, 음식공급, 장식, 엔터테인먼트 등 필요한 서비스를 제공하는 공급업체와 협상을 진행하기도 한다. 파티의 전체 비용을 관리하고, 필요한 경우 비용 절감 방안을 모색한다. 또한 파티 당일에는 행사 진행을 총괄하며, 문제 상황에 대비하고, 필요한 경우 즉시 대응한다. 파티가 끝난 후에는 청소, 장식제거, 장소 반환 등의 후속 작업을 진행하는 것이 중요하다. 파티플래너는 독창적인 아이디어와 세부 사항에 대한 주의, 그리고 탁월한 조직력과 커뮤니케이션 능력이 필요하며 다양한 문제상황에 대처할 수 있는 유연성과 문제해결능력도 요구된다.

82. 직업지도: 목욕관리사

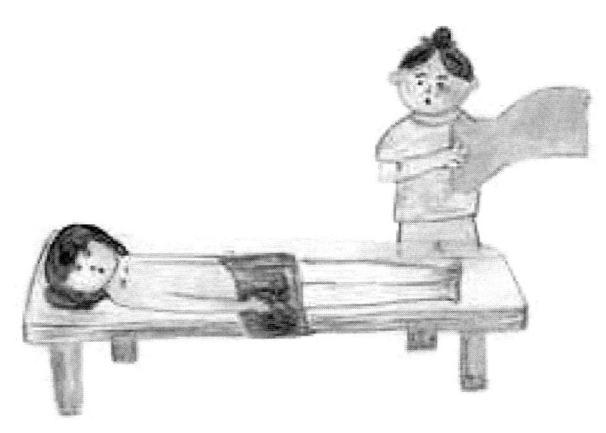

'목욕관리사'는 주로 병원, 요양원, 장애인 복지시설 등에서 근무하며, 이용자의 체력과 건강 상태에 맞춰 안전하게 목욕 서비스를 제공하는 업무를 한다. 이용자의 건강 상태를 고려하여 안전하게 목욕을 도와주는데 예를 들면 물온도 조절, 이용자의 체위 지원, 샴푸와 바디워시 등을 사용한 청결 유지를 한다. 목욕 중 이용자의 건강 상태를 지속적으로 확인하며, 이상 징후가 발견될 경우 즉시 의료종사자, 보호자, 상사에게 보고한다. 이용자의 체력 상태와 건강 상태에 따라 적절한 목욕 시간과 방법을 결정하며, 목욕 시설의 청결과 안전을 유지하고 필요한 경우 청소와 소독 작업도 수행한다. 목욕관리사는 이용자와의 친밀한 상호작용이 필요하기 때문에, 친절하고 인내심 있는 태도가 중요하고 이들은 이용자의 삶의 질을 향상시키는 중요한 일을 한다.

83. 직업지도: 요양보호사

'요양보호사'는 노약자나 장애인 등 돌봄이 필요한 사람들의 일상생활을 지원하는 역할 주된 업무로 한다. 예를들면, 식사 준비, 세면 도움, 옷 입히기, 청결 유지 등이 포함된다. 이용자의 건강 상태를 모니터링하고, 필요한 경우 약물 관리, 간단한 물리 치료, 운동 지도 등을 수행한다. 이용자의 안전을 위해 환경을 점검하고, 위험 상황을 방지하며 건강이상 징후가 발견될 경우 즉시 의료인이나 보호자에게 보고하고 신속하게 대응해야 한다. 이용자와 대화를 나누어 정서적 지원을 제공하며, 사회적으로 외롭지 않게 도와준다. 요양보호사는 이용자의 물리적, 정신적 상태를 이해하고, 이에 맞춰 적절한 돌봄 서비스를 제공하는 능력이 필요하며 서비스 이용자와의 친밀한 상호작용이 필요하기 때문에, 친절하고 인내심 있는 태도가 중요하다.

84. 직업지도: 세탁사

　세탁사는 고객의 의류를 접수하고, 세탁 방식을 결정하며, 세탁 완료 후 의류를 반환한다. 고객의 요구사항을 듣고, 문제가 발생한 경우 적절하게 대응해야 한다. 의류나 가죽, 지워지지 않는 얼룩제거 등 까다롭고 특수한 세탁일도 한다. 이는 세탁, 건조, 다림질, 소독 등의 과정을 포함하며, 각각의 아이템에 적합한 세탁 방법을 선택하는 것이 중요하다. 또한 세탁기, 건조기, 다림질 기구 등 세탁소에서 사용하는 장비를 관리하고, 장비의 정기적인 청소를 하기도 한다. 세탁소를 경영하는 경우 재무 관리, 고객 관리, 직원 관리, 마케팅 활동 등을 포함하는 전체적인 경영업무도 수행한다. 세탁사는 세탁에 대한 지식뿐 아니라, 고객 서비스, 장비관리, 그리고 사업경영에 대한 능력도 필요하다. 또한, 세탁소는 고객의 의류를 다루는 만큼 세심함과 정확함, 시간관리가 중요하다.

85. 직업지도: 마트계산원(캐셔)

　마트 계산원은 소매점이나 슈퍼마켓에서 고객의 물품을 계산하고 결제를 처리하는 업무를 한다. 고객이 구매한 상품을 스캔하거나 가격을 입력하여 결제 금액을 계산한다. 고객의 결제 수단에 따라 현금, 카드 또는 모바일 결제를 처리한다. 계산대에 있는 상품의 재고를 관리하고, 필요한 경우 보충하기도 한다. 고객의 문의에 대해 답변하고, 문제가 발생한 경우 적절하게 응대도 하며, 고객에게 프로모션 정보를 제공하기도 한다. 계산대와 주변 환경의 청결을 유지하기 위해 청소도 해야 한다. 마트 계산원은 빠르고 정확한 계산능력, 친절한 고객서비스 능력, 그리고 상품정보에 대한 지식과 세심함이 필요하다. 또한, 긴 시간 동안 서있는 것에 대한 체력적인 강인함도 필요한 업무이다.

86. 직업지도: 피부제모사(esthetician)

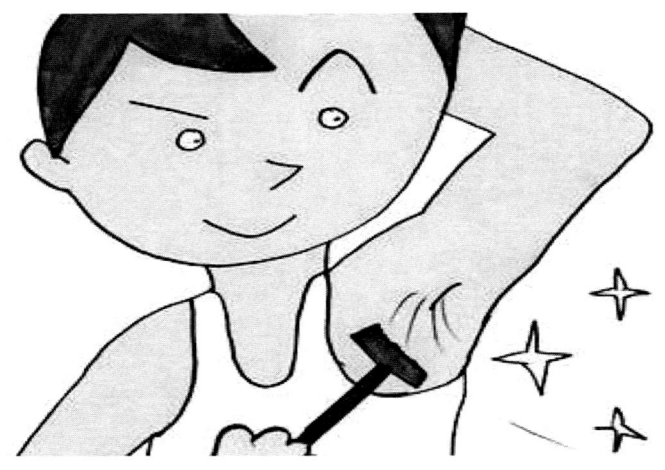

에스테티션 혹은 미용사의 주요 업무는 고객의 제모 요구와 피부 상태를 이해하고, 적합한 제모 방법을 제안한다. 고객의 요구에 따라 왁싱, 레이저 제모, 전기 제모 등 다양한 방법의 제모를 선택하여 작업을 진행한다. 제모 후 약간의 통증이나 피부 자극을 완화하는 데 도움이 되는 로션, 크림 등의 제품을 사용하기도 한다. 제모 후 피부를 관리하는 방법에 대해 고객에게 적당한 정보를 주고, 간혹 트러블 있는 피부가 건강하게 회복될 수 있도록 돕는 일도 한다. 제모 전문가는 피부에 대한 지식, 제모 기술, 그리고 고객 서비스 능력이 필요하다. 또한, 피부에 민감한 고객에게 안심과 편안함을 제공할 수 있도록 친절하고 섬세한 태도가 요구된다.

87. 직업지도: 인터넷 구매대행자

　인터넷 구매대행자는 고객이 원하는 상품을 대신 구매하고 배송하는 역할을 주로하는데 고객이 원하는 상품을 온라인에서 찾아내고 상품의 가격을 비교, 리뷰 확인, 판매처 찾는 일을 한다. 고객의 요구에 따라 상품을 구매하면서 결제를 진행하고, 판매자와의 원활한 소통을 하며, 구매 내역을 관리, 상품을 고객에게 배송하는 프로세스대로 업무를 한다. 또한 배송상태 모니터링을 하면서 배송문제에 대응하고, 배송정보를 서비스이용자와 공유한다. 문제가 발생한 경우 궁금한 고객의 문의에 적절하게 응대한다. 인터넷 구매대행자는 온라인 쇼핑에 대한 지식, 정확한 상품 검색 능력, 그리고 탁월한 고객서비스 능력이 필요하다. 또한, 다양한 배송 옵션과 관세규정, 개인통관고유번호 발급 및 조회에 대한 업무이해도 중요하다. 이들은 고객이 원하는 상품을 안전하고 효율적으로 받을 수 있도록 조력하는 역할을 수행한다.

88. 직업지도: 도서관 사서보조원

도서관 사서 보조원의 주요 업무는 책이나 기타 자료를 올바른 위치에 정리하고, 필요한 경우 책을 복원하기도 하고, 새로운 자료를 도서관 시스템에 등록하기도 한다. 도서관 이용자의 대출 및 반납 요청을 처리하고 도서의 대출기간을 설정하며, 반납된 도서를 확인하는 업무를 한다. 도서관 이용자의 문의에 응답하고, 필요한 정보를 제공하기도 한다. 또한, 도서관 이용 방법을 안내하거나, 특정 자료를 찾는 데 도움을 제공하기도 한다. 도서관의 청결을 유지하고, 조용한 환경을 유도하는 역할도 한다. 도서관 사서보조원은 도서관시스템 및 운영방법에 대한 이해, 정확한 자료관리 능력, 그리고 탁월한 고객 서비스 능력이 필요하다.

89. 직업지도: 점역교정사

점역교정사는 점자로 번역된 문서나 책의 내용이 정확한지 확인하고 수정하는 업무를 한다. 예를들면 점자로 번역된 문서나 책의 내용을 확인하여 잘못된 점자 문자, 누락된 내용, 잘못된 문맥 등을 확인하여 오류가 있는지 검사하는 일을 주 업무로 수행한다. 발견된 오류를 수정하고, 필요한 경우 원문과 비교하여 내용을 확인하며 점자 문서의 품질을 관리한다. 또한 문서가 점자로 인쇄되었을 때 읽기 쉽고 이해하기 쉬운지 검사하는 업무를 하고 필요한 경우, 점자로 번역하는 작업도 수행합니다. 점역교정사는 점자에 대한 깊은 이해와 세심함이 필요하고 다양한 주제에 대한 지식과 탁월한 언어 능력이 요구된다. 이들은 시각장애인이 문서나 책을 정확하게 이해할 수 있도록 도와주는 중요한 역할을 수행한다.

90. 직업지도: 평생공예지도사

평생공예지도사는 다양한 연령대의 학습자들이 공예를 배우고 즐길 수 있도록 지도하고 교육하는 전문가이다. 도자기, 목공예, 가죽공예, 펠트 공예 등 다양한 종류의 공예 기법과 재료를 이용하는 방법을 학습자들에게 가르가르치 일이 주요한 업무이다. 학습자의 능력과 흥미에 맞는 공예 교육 프로그램을 개발하고 실행한다. 학습자들이 창의적으로 표현하고 자신의 작품을 만드는 데 필요한 동기를 부여하기도 한다. 공예 활동 중 발생할 수 있는 안전 사고를 예방하고, 필요한 경우 적절한 대응도 한다. 평생공예지도사는 공예에 대한 깊은 지식과 능력, 탁월한 교육 및 커뮤니케이션 능력, 그리고 창의적인 사고, 다양한 연령대와 배경을 가진 학습자들과 잘 상호작용할 수 있는 능력이 중요하다.

91. 직업지도: 박물관 도슨트

박물관 도슨트는 박물관의 전시물과 역사에 대해 방문객들에게 설명하고 안내하는 역할을 한다. 박물관의 다양한 전시물에 대해 방문객들에게 설명하고, 해당 전시물의 역사적, 문화적 의미를 맛깔나게 전달한다. 주로 박물관 내부를 방문객들과 함께 돌면서 각 전시물에 대한 정보를 제공하고, 질문에 답변하는 일을 제일 많이 한다. 한편 특정 주제에 대한 워크샵이나 강좌를 진행하거나, 단체 방문 시 특별 프로그램을 운영하기도 한다. 또한 박물관에서 주최하는 이벤트나 행사에 참여도하고, 단체 참가자의 질서를 관리하기도 한다. 하지만 도슨트는 전시물의 역사적 배경에 대한 깊은 지식과 탁월한 커뮤니케이션 능력이 요구된다.

92. 직업지도: 대리기사

'대리기사'는 고객의 차량을 대신 운전해주는 서비스를 제공하는 개인사업자이다. 고객의 차량을 안전하게 운전하여 목적지까지 이동시키되, 교통법규를 준수하며, 안전운전을 통해 고객과 차량을 보호하는 것을 최우선으로 생각해야 된다. 고객의 출발지와 목적지를 확인하고, Tmap이나 네이버 네비게이션을 이용하여 최적의 경로를 선정하고, 고객의 요청에 따라 차량온도나 음악도 조절하면 좋다. 운전 중 발생할 수 있는 차량의 문제를 식별하고, 필요한 경우 적절한 대응을 해야한다. 대리기사는 운전기술, 고객 서비스 능력, 그리고 차량에 대한 기본적인 지식이 필요하고, 탁월한 지리적 지식과 신속한 판단력도 요구된다. 여기에 더하여 상냥한 말투를 구사하고, 교통규칙을 준수하는 태도를 가지며, 애초에 정해진 요금만 요구하는 자세를 보여야 한다.

93. 직업지도: 동물매개치유사

 '동물매개치유사'는 동물을 이용하여 사람들의 정신적, 신체적 건강을 증진하는 일을 한다. 특정 동물(예: 강아지, 고양이, 말 등)과의 상호작용을 통해 스트레스를 줄이고, 사회적 기술을 향상시키며, 신체활동을 촉진하는 것을 주 목적으로 한다. 각 환자의 필요와 목표에 맞는 동물매개 치유프로그램을 개발하고 실행한다. 환자의 진전을 모니터링하고 평가하며, 치료 결과를 기록하고 관련 전문가나 가족에게 보고하는 일도 한다. 또한 치료에 사용되는 동물의 건강과 안전을 관리하며, 동물 복지를 실천해야 한다. 동물 매개 치유사는 동물에 대한 깊은 이해와 사람들이 동물과 상호작용하는 방법에 대한 지식이 필요하다. 또한, 탁월한 커뮤니케이션 능력과 상담능력, 그리고 동물과 사람 사이의 상호작용을 관찰하고 양자의 입장에서 해석하는 능력도 중요하다.

94. 직업지도: 정리수납전문가

　　정리수납전문가는 개인이나 기업의 공간을 체계적이고 효율적으로 정리하고 수납하는 전문적인 서비스를 제공하는 사람을 말한다. 고객의 공간을 분석하고, 필요한 수납도구를 선택하여, 공간의 최적화를 고려한 후, 계획에 따라 실제로 청소, 분류, 포장, 정리하고 수납한다. 또한 고객에게 효율적인 정리수납 방법을 가르치고, 공간을 효율적으로 관리하고 유지하는 방법에 대한 교육을 하기도 한다. 정리수납전문가는 체계적인 사고방식, 디테일에 대한 주의, 그리고 고객의 요구와 스타일을 이해하고 적용하는 능력이 필요하다. 또한, 탁월한 커뮤니케이션 능력과 서비스이용자의 요구도를 파악하는 능력도 중요하다.

95. 직업지도: 아기돌보미

　아기돌보미, 또는 베이비시터는 부모나 보호자가 잠시 부재 중일 때 아이들을 돌보는 임무를 수행한다. 아이의 안전을 확보하고, 부모나 보호자가 없을 때 유아의 요구를 잘 살펴, 욕구를 충족시주어야 한다. 예를들면 아이의 식사를 준비하고, 기저귀를 교체하며, 필요에 따라 아동을 목욕시키는 일들이다. 아동의 나이와 흥미에 맞는 놀이, 독서, 그림 그리기, 야외 활동을 계획하고 실행하여야 한다. 아이가 아플 경우, 필요한 처치를 하거나 부모나 보호자에게 상황을 빨리 알려야 한다. 아기돌보미는 아동에 대한 기본적인 지식과 경험, 그리고 진심으로 아이를 사랑하는 마음이 있어야 한다. 또한, 응급처치 기술을 알고 있어야 하며, 아이의 안전을 유지하는 데 필요한 모든 지식과 기술을 갖추고 있어야 한다.

96. 직업지도: 캐릭터디자이너

'캐릭터디자이너'는 게임, 애니메이션, 영화, 광고 등 다양한 미디어에서 캐릭터의 외형, 특성, 개성 등을 창조하고 구체화하는 전문가이다. 캐릭터 디자이너는 캐릭터의 외모, 성격, 배경 스토리 컨셉에 맞는 캐릭터를 개발한다. 캐릭터의 기본 아이디어를 구체화하기 위해 디자이너는 스케치와 컨셉 아트를 작성하고, 최즌에는 3D 소프트웨어를 사용하여 캐릭터를 모델링하기도 한다. 캐릭터가 어떻게 움직이고 행동할지 결정하는 것 또한 중요한 업무 중 하나다. 이러한 업무를 수행하기 위해, 캐릭터 디자이너는 그래픽 디자인, 일러스트레이션, 3D 모델링 등의 다양한 기술을 숙달해야 한다. 또한, 스토리텔링, 캐릭터 구축, 그리고 프로젝트의 전반적인 테마에 대한 이해도 중요하고, 최근 유행하는 캐릭터의 동향을 파악하는 능력도 필요하다

97. 직업지도: 도예사

　도예사는 점토나 다른 세라믹 소재를 가공하여 예술적 또는 실용적인 물체를 만드는 전문가이다. 도예사는 작품을 만들기 위한 점토나 다른 세라믹 소재를 선택하고 손으로 점토를 가공하거나 도자기바퀴를 사용하여 점토를 원하는 형태로 만든다. 점토 제품이 완성되면, 이를 건조시킨 후 첫 번째로 '비스크 구움'이라 하여 강도를 증가시키고, 비스크 구움이 완료된 제품에는 글라즈라는 유리질 코팅을 입히고, 고온에서 다시 굽는다. 두 번째 구움이 완료된 제품은 마무리 작업을 거쳐 최종적으로 제품의 표면을 다듬거나, 추가적인 장식을 입힌다. 이런 일련의 과정을 통해, 도예사는 다양한 유형의 도자기 제품을 만들어내는데 예술적인 조각부터, 실용적인 식기, 장식품, 건축재료에 이르기까지 다양하다. 이러한 업무를 수행하기 위해서는 도예기술 뿐만 아니라, 미술, 디자인, 색채 이론에 대한 깊은 이해도 필요하다.

98. 직업지도: 반려동물훈련사

'반려동물훈련사'는 반려동물들과 주인들에게 올바른 행동을 가르치는 업무를 수행한다. 각 반려동물과 주인의 필요성에 따라 맞춤형 훈련 프로그램을 개발합니다. 훈련사는 반려동물과 주인에게 반려동물이 새로운 스킬을 배우고 기존 스킬을 향상시킬 수 있도록 학습세션을 제공한다. 또한 반려동물의 공격성, 불안, 과다 짖음 등의 문제행동을 다루는 데 도움을 주기도한다. 훈련사는 반려동물 주인에게 훈련기술과 원칙을 가르쳐, 주인이 동물과의 관계를 향상시키고 집에서도 훈련을 계속할 수 있도록 도와준다. 또한 훈련과정에서 반려동물의 진전상황을 모니터링하고 필요에 따라 훈련방법을 조정한다. 지원자는 동물 행동학, 학습이론, 훈련 기법 등에 대한 기본적인 이해가 필요하고, 동물들과 잘 상호작용하며, 사람과의 커뮤니케이션도 중요하다.

99. 직업지도: 헬스트레이너

'헬스트레이너'는 개인이나 그룹에게 운동 및 건강에 대한 지도를 제공하는 전문가이다. 트레이너는 고객의 건강 상태, 운동 수준, 그리고 개인적 목표를 고려하여 맞춤형 운동 프로그램을 설계한다. 고객이 올바른 자세와 기술로 운동을 수행할 수 있도록 지도하고 감독하고 고객의 운동진행 상황을 모니터링하며, 필요에 따라 운동 프로그램을 조정하기도 한다. 일부 헬스 트레이너는 운동 뿐만 아니라 건강한 식습관과 생활 습관에 대한 조언도 제공한다. 이 업무를 수행하기 위해 헬스 트레이너는 운동과 건강에 대한 깊은 지식이 필요하며, 인간해부학, 생리학, 영양학 등에 대한 이해도 갖고 있어야 한다. 또한, 고객에게 동기를 부여하고, 안전하게 운동할 수 있도록 지도하는 능력도 필요하다.

100. 직업지도: 반려식물관리사

　핵가족화 사회에 식물을 가꾸고 기르며 교감하는 원예활동을 통해 현대인의 스트레스와 피로를 해소하고 오감을 체험하여 정서적 안정과 육체적 건강을 꾀하게 하는 직업이다. 반려식물 관리사는 식물의 건강을 유지하기 위해 필요한 물주기, 빛 조절, 영양분 공급 등의 일을 하고, 식물에 발생할 수 있는 다양한 병충해를 진단하며, 예방하는 업무를 수행한다. 또한 식물을 처음 키우는 사람이나 특정 문제를 겪고 있는 사람들에게 종류, 성장 조건, 병충해 대처 방안 등에 대한 조언과 교육을 하기도 한다. 이러한 업무를 수행하기 위해 반려식물 관리사는 식물학, 생태학, 병충해 관리 등에 대한 기본적인 지식이 필요할 뿐만 아니라 식물에 대한 열정과 타인에게 지식을 전달하는 능력도 중요하다.

101. 직업지도: 애견미용사

'애견미용사'는 반려견의 외모를 관리하고, 그들의 피부와 털 상태를 유지하는 전문가이다. 그들의 주요 업무는 털 감기 및 트리밍, 반려견의 목욕, 반려견의 피부와 털 상태를 유지 및 발톱 정리이다. 또한 반려견의 전반적인 건강을 유지하는 데 중요한 귀 청소 및 치아 관리가 있다. 한편, 애견 미용사는 반려견의 피부, 털, 귀, 입, 발 등을 점검하여 건강 문제를 조기에 발견할 수 있어야 한다. 이러한 업무를 수행하기 위해 애견 미용사는 반려견의 피부와 털에 대한 지식, 미용기술, 그리고 반려견과의 적절한 상호작용 방법에 대한 이해가 필요하고. 또한, 반려견의 건강과 안전을 위해 청결한 작업환경을 유지하는 것도 필수이다.

102. 직업지도: 에어로빅강사

'에어로빅강사' 에어로빅 운동 수업을 지도하는 전문가로서 학생들의 운동능력, 건강상태, 운동목표 등을 고려하여 에어로빅 운동 수업을 계획하고 설계한다. 또한 수업 중에 운동 동작을 시연하고, 학생들이 올바르게 운동할 수 있도록 지도하고 감독한다. 학생들의 운동 진행 상황을 모니터링하고, 필요에 따라 운동 프로그램을 조정하기도 하고, 학생들에게 운동 기술, 안전 수칙, 영양 및 생활 습관 등에 대한 조언도 한다. 수업이 진행되는 공간이 안전하고, 적절한 운동환경이 유지되도록 신경쓰며, 운동과 건강에 대한 깊은 지식이 필요하다. 그러므로 체력적으로 건강해야 하며, 운동동작을 정확하게 시연하고, 학생들의 운동을 안전하게 지도할 수 있는 능력이 요구된다.

103. 직업지도: 이삿짐센타 직원

최근 이삿짐센터 직원이 외국인인 경우가 자주 눈에 띈다. '이삿짐센터직원'은 고객의 집이나 사무실을 이동하는 과정에서 물품을 안전하게 포장하고 운반하는 업무를 주로 수행한다. 이삿날 고객의 물품을 안전하게 포장하고 분류, 적재하고, 새로운 위치로 안전하게 운반하며 필요에 따라 물품을 적절한 위치에 설치하거나 조립하기도 한다. 무엇보다 고객의 요구사항을 듣고, 이에 따른 서비스를 제공하고 운반장비를 관리·유지한다. 이런 업무를 수행하기 위해 이삿짐 센터 직원은 물품을 안전하게 운반하고 관리하는 방법, 고객서비스 기술, 그리고 기본적인 건강과 안전 지침에 대한 지식이 필요하고 무엇보다 체력적으로 건강해야 하며, 협력적 팀웤이 제일 중요한 능력이라고 할 수 있다.

104. 직업지도: 장애인 인권강사

장애인인권 강사는 장애인의 인권에 대해 교육하고 인식을 높이는 역할을 하는 전문가이다. 그들은 장애인의 인권에 대한 이해를 높이기 위한 강의, 워크샵, 토론, 시뮬레이션 등 다양한 교육 프로그램을 개발하고 실행한다. 또한 장애인의 인권, 차별과 편견에 대한 이해, 그리고 이를 해결하기 위한 전략에 대해서도 교육한다. 장애인 인권 강사는 표준, 지침, 사례 연구, 브로셔, 온라인 교육자료를 개발하고 배포한다. 또한 장애인 인권에 대한 커뮤니티 활동을 지원하고, 이를 통해 사회적 변화를 촉진시키려고 노력한다. 이러한 업무를 수행하기 위해 장애인인권 강사는 장애인의 인권에 대한 애정, 공감, 이해, 교육기술이 있어야 하며 사람들을 동기부여하고 참여시킬수 있는 능력이 요구된다. 또한, 다양한 배경과 경험을 가진 사람들과 효과적으로 소통할 수 있는 의사소통능력도 반드시 갖고 있어야 한다.

105. 직업지도: 수화통역사

　　수화통역사는 청각 장애인과 비장애인 간의 의사소통을 원활하게 이루어지도록 돕는 일을 한다. 말소리를 수화로, 수화를 말소리로 변환하며, 청각 장애인과 비장애인 간의 의사소통을 조율한다. 수화통역사는 청각 장애인과 비장애인 사이에서 문화적인 이해를 촉진하는 역할을 하며 수화에 대한 교육을 제공하거나, 수화 통역에 대한 컨설팅을 할 수도 있다. 통역사는 통역 활동을 기록하고, 필요에 따라 보고서를 작성한다. 이러한 업무를 수행하기 위해 수화통역사는 수화와 청각 장애인 문화에 대한 깊은 지식, 뛰어난 수화 기술, 그리고 통역 원칙과 윤리에 대한 이해가 필요하다. 또한, 다른 어떠한 것보다 장애인에 대한 애정이 내면에 흐르고 있어야 하며, 다양한 상황에서 통역할 수 있는 능력과, 상황에 따라 원뜻에 가깝게 해석하는 능력도 있어야 한다.

106. 직업지도: 독서지도사

독서지도사는 독서 활동을 통해 사람들의 생각과 통찰력을 촉진하고, 읽는 기술과 이해력을 개발하는 사람이다. 독서지도사는 다양한 연령대와 배경을 가진 사람들을 대상으로 독서 프로그램을 개발하고 개인이나 그룹에게 적절한 독서 자료를 추천하며, 독서를 통해 생각하고 이해하는 능력을 개발하도록 도와준다. 또한 독서 활동을 주관하고, 참여자들의 토론을 유도하기도 하며, 참여자들 간에 서로의 지식을 공유하고, 견해를 이해하도록 조율한다. 업무를 수행하기 위해 독서지도사는 다양한 문학과 주제에 대한 넓은 지식, 독서 지도 기술, 그리고 사람들에게 동기를 부여하고 참여시키는 능력이 필요하다.

107. 직업지도: 켈리그라피강사

'켈리그라피 강사'는 예술적인 글씨체, 즉 켈리그라피에 대한 교육을 제공하는 전문가이다. 강사는 기본적인 펜질부터 고급 기법까지 다양한 수준의 교육을 학생들의 능력과 목표에 따라 계획한다. 또한 학생들에게 켈리그라피 기술을 지도하고, 그들의 작업에 대한 피드백을 제공한다. 켈리그라피 강사는 교육 자료를 개발하고 배포하고, 학생들의 예술활동을 지원하며, 이를 통해 창의력과 표현력을 촉진시킨다. 이러한 업무를 수행하기 위해 켈리그라피 강사는 켈리그라피에 대한 깊은 지식과 뛰어난 기술, 교육기술, 그리고 미적감각과 예술적인 통찰력, 창의력이 중요하고 수강생 하나 하나의 작품에 디테일하게 신경써야 한다.

108. 직업지도: 미술치료사

'미술치료사'는 예술 활동을 통해 개인의 심리적, 정서적, 물리적 문제를 치료하거나 개선하는 전문가이다. 미술치료사는 개인의 필요와 목표에 따라 그림 그리기, 조각, 콜라주 만들기 등 다양한 맞춤형 미술 치료 계획을 개발하고 실행한다. 또한 개인이 미술 활동을 통해 자신의 생각과 감정을 표현하고 탐색하도록 조력한다. 여기에 미술 치료 세션을 진행하고, 개인의 반응과 진전을 관찰하고 기록한 후, 이를 토대로 치료 계획을 조정하고, 치료 결과를 평가한다. 미술치료사는 개인의 요구에 가장 잘 맞는 지원을 제공하기 위한 종종 다른 전문가들과 팀을 이루어 작업한다. 업무를 수행하기 위해 미술치료사는 미술과 치료에 대한 해박한 지식, 미술지도 기술, 그리고 상담과 상호작용하는 능력, 개인을 이해하고 존중하는 능력이 필요하다.

109. 직업지도: 생활체육사

생활체육사는 일반인들의 건강과 행복을 증진하기 위해 다양한 체육 활동과 프로그램을 지도하고 운영하는 직업인이다. 생활체육사는 참가자들의 능력, 관심, 목표에 따라 다양한 체육 활동과 프로그램을 개발하고 참가자들에게 체육 기술을 지도하며, 그들의 능력을 향상시키는 훈련을 제공한다. 또한 건강하고 안전한 운동 방법을 가르치고 운동 전후 스트레칭, 올바른 운동 자세, 부상 예방 등을 알려준다. 간혹 체육행사나 대회를 조직하고 운영하는데 이는 참가자들의 참여를 유도하고, 커뮤니티를 형성하는데 도움을 준다. 이러한 직무를 수행하기 위해 생활체육사는 다양한 체육활동과 기술에 대한 지식, 훈련 및 지도기술, 그리고 사람들에게 참여 동기를 이끌어내고, 참여시키는 능력이 필요하다. 여기에 건강과 안전에 대한 이해와, 다양한 나이와 능력을 가진 사람들과 효과적으로 소통하는 대인관계능력도 중요하다.

110. 직업지도: 택배기사

택배기사는 고객들이 보내거나 받아야 하는 상품을 안전하고 신속하게 배달하는 업무를 담당하는 직업인이다. 택배기사는 가정의 택배를 수거하고, 배송 정보를 확인하여 목적지에 안전하고 신속하게 배달한다. 택배를 정확한 위치에 배달한 후, 고객에게 배달 확인 문자도 주는 일을 한다. 택배기사는 고객의 질문이나 배송문제를 적극적으로 해결하고, 배송정보를 제공하기도 한다. 또한 배달을 위한 차량을 관리하고 유지보수하며, 때로는 수리도 하게 된다. 이러한 업무를 수행하기 위해 택배기사는 정교한 운전기술과 교통 법규에 대한 지식, 물리적인 건강과 체력, 그리고 고객서비스 능력이 필요합니다. 또한, 시간관리 능력과 문제해결 능력, 그리고 상황에 따라 적절하게 대응할 수 있는 순발력도 필요하다.

111. 직업지도: 승마치료사

'승마치료사'는 승마를 통한 치료 프로그램을 설계하고 실시하는 전문가이다. 승마치료는 신체적, 정서적, 사회적, 인지적 기능 개선을 돕는 치료 방법으로, 다양한 연령대와 질환을 가진 사람들에게 적용될 수 있다. 승마치료사의 주요 업무는 개인의 필요와 목표에 따라 맞춤형 승마치료계획을 개발하고 개인이 안전하게 승마를 할 수 있도록 지도하며, 안전 장비를 착용하도록 관리하는 일이다. 또한 승마치료세션을 진행하고, 개인의 반응과 진전을 기록하며 변화를 보고 치료계획을 조정하고 결과도 평가한다. 여기에 치료에 사용되는 말을 주기적으로 관리하는데, 말의 건강을 최상으로 유지하고, 승마치료에 적합하도록 훈련시킨다. 업무를 수행하기 위해 승마와 치료에 대한 지식, 승마 지도기술, 그리고 학부모와 상담하는 능력도 필요하고 무엇보다도 서비스 이용자의 필요와 반응을 이해하고 존중하는 태도를 가져야 한다.

112. 직업지도: 종교인

종교인은 신앙과 가르침을 전파하고, 일반인들의 종교적인 삶을 지원하는 역할을 한다. 종교인은 교회, 사원, 모스크 등에서 예배나 의식을 주재하고 진행한다. 또한 종교의 교리, 가르침, 전통을 전파하고 교육한다. 이는 설교, 수업, 스터디 그룹, 워크샵 등 다양한 방법을 통해 나타난다. 종교인은 신자들의 신앙적인 문제, 도전, 고민에 대해 상담하고 지원하며, 종교 커뮤니티의 리더로서 활동을 조직하고 지원한다. 많은 종교인들은 사회적인 문제에 대해 신앙적인 가치를 바탕으로 해결책을 찾고, 자선 활동이나 사회 봉사 활동을 조직하거나 참여한다. 업무를 수행하기 위해 종교인은 그들의 종교에 대한 깊은 이해와 신앙, 그리고 사람들과 소통하고 이끌 수 있는 능력이 필요합니다. 또한, 상담 기술, 교육기술, 그리고 사회적인 문제에 대한 이해도 중요하다.

113. 직업지도: 요리사

　요리사는 음식을 조리하고, 메뉴를 개발하며, 식당이나 다른 음식 서비스 환경에서 음식을 제공하는 사람들을 의미한다. 요리사는 다양한 재료를 사용하여 음식을 조리하로 새로운 메뉴를 개발하며, 식재료를 주문, 관리, 보관한다. 또한 주방의 청결을 유지하고, 장비를 관리하고, 주방 팀을 지도한다. 이는 주방 팀의 업무 분배, 주방의 안전 관리, 장비의 정기 유지보수를 포함할 수 있다. 고객 서비스차원에서 요리사는 고객의 음식 관련 질문에 답하고, 특수식단 요구를 충족시키기도 하고, 피드백을 받아 신박한 음식을 만들기도 한다. 이러한 업무를 수행하기 위해 요리사는 음식 조리기술, 식품 안전에 대한 지식, 그리고 훌륭한 시간관리 능력이 필요하며 주방이란 곳은 위험한 곳이자 다수의 장소인 만큼 협동심과 팀웍, 가스 및 화재안전이 매우 중요하다.

114. 직업지도: 출장 청소업체직원

출장 청소업체직원은 고객의 주택이나 사무실에서 청소 서비스를 제공하는 역할을 한다. 직원은 고객의 요구와 청소할 공간의 상태를 파악하고, 청소계획을 세우며 필요한 청소 도구와 재료를 준비하여 먼지털기, 물걸레 청소, 카페트 청소, 창문청소, 쓰레기 배출 등 다양한 청소작업을 실행한다. 한편, 필요에 따라 이사청소, 건축 후 청소, 깊은 청소, 살균청소 등 특수 청소 작업을 하기도 한다. 청소 작업이 완료된 후, 청소품질을 확인하고 고객의 만족도를 점검한다. 민원이 발생하여 필요한 경우 추가적인 청소작업을 수행하기도 한다. 이러한 업무를 수행하기 위해 출장 청소업체 직원은 청소기술, 청소재료에 대한 지식, 그리고 훌륭한 고객서비스 능력이 필요하며, 물리적인 체력과 세부 사항에 대한 주의 깊은 관찰력, 그리고 시간관리능력도 필요하다.

115. 직업지도: 지하철 택배기사

'지하철 택배기사'는 지하철을 이용하여 택배를 배달하는 사람이다. 주요 업무는 고객이나 사업장에서 보내야 하는 택배를 수거하고, 지하철을 이용해 택배를 배달한다. 지하철 택배기사는 배달 라우트를 계획하고 관리 엄격한 일정을 관리하고, 지하철 시간표에 맞추어 택배를 배달해야 하는데 지하철 내에서 택배가 손상되지 않도록 주의해야 한다. 지하철 택배기사는 고객의 질문이나 문제를 해결하고, 배송에 대한 정보를 제공해야 한다. 이러한 업무를 수행하기 위해 지하철 택배기사는 지하철 환승시스템에 대해 디테일하게 이해하고, 시간관리를 철저하게 해야 하며 고객서비스 능력이 필요하다. 한편, 중량감있는 물건을 들고, '출발-이동-도착'해야 하기 때문에 신체적인 건강과 체력이 뒷받침되어야 하며, 택배의 안전성과 보안에 대한 지식도 요구된다.

116. 직업지도: 성악가

성악가는 음악을 통해 감정과 이야기를 전달하는 예술인이다. 성악가는 목소리를 유지하고 개선하기 위해 지속적인 연습과 훈련을 해야하며 솔로 공연, 합창단 공연, 오케스트라와의 협연 등 다양한 형태의 공연을 해야 한다. 또한 음반제작, 라디오 방송, 영화나 드라마 음악 등을 위해 녹음을 하기도 하고 시간이 나면 자신의 노래를 분석하여 개선점을 찾기도한다. 또한, 다른 성악가의 노래를 감상하며 자신의 해석과 표현을 넓혀간다. 일부 성악가들은 자신의 지식과 기술을 전달하기 위해 가르치는 역할을 하기도 하기도 한다. 이런 업무를 수행하기 위해 뛰어난 보컬 기술, 음악 이론에 대한 지식, 그리고 훌륭한 감정 표현 능력, 강인한 체력 및 인내력이 요구된다.

117. 직업지도: 뮤지컬배우

 뮤지컬 배우는 뮤지컬 작품에서 특정 캐릭터를 연기하는 역할을 맡는다. 스크립트를 읽고, 캐릭터를 이해하며, 그 캐릭터를 표현하는 방법을 연습해서 공연에 올린다. 그들은 또한 노래, 춤, 연기 등 다양한 연기 기술을 사용하여 감정을 표현하고 이야기를 전달한다. 뮤지컬 배우가 되려면 새로운 역할을 얻기 위해 오디션을 거쳐야 하고, 배우는 공연 전에 감독, 코디네이터, 그리고 다른 배우들과 함께 리허설을 진행한다. 뮤지컬 배우의 가장 중요한 업무는 물론 실제 공연이다. 그들은 관객 앞에서 자신의 역할을 연기하며, 감동과 즐거움을 선사한다. 공연 후에는 감독이나 동료 배우들로부터 피드백을 받고, 이를 통해 자신의 연기를 개선하려 노력한다. 뮤지컬 배우는 이러한 업무 외에도 자신의 몸과 목소리를 관리하고, 다양한 연기 기법을 학습하며, 새로운 역할을 위해 계속해서 준비하는 등의 일도 한다.

118. 직업지도: 교수

교수는 대학이나 대학원에서 학생들에게 지식을 전달하고, 연구를 수행하는 전문가이다. 교수는 강의, 실습, 세미나 등 다양한 형태로 자신의 전문 분야에 대한 수업을 하면서 학생들에게 필요한 지식과 기술을 전달하며, 그들의 학업을 지도한다. 또한 자신의 전문 분야에서의 연구를 수행한다. 이는 새로운 이론을 제안하거나, 기존의 지식을 확장하거나, 복잡한 문제를 해결하는 데 필요한 방법론을 개발하는 등 다양한 형태로 이루어진다. 교수는 자신의 전문분야 학회에 참여하여 새로운 연구결과를 공유하고, 동료들의 연구를 검토하며, 학문 분야의 발전에 기여한다. 또한 학생들의 학위논문을 지도하고, 학과나 대학의 행정 업무를 수행하며, 커뮤니티 서비스에 참여하는 등의 활동도 한다. 불의의 교통사고로 대학교 4학년 재학 중에 40번이 넘는 수술을 받고 3급 장애진단을 받았다가 불굴의 긍정적 마인드로 이대 모교 교수가 된 이지선씨의 이야기는 진한 감동을 준다.

119. 직업지도: 침구정리원

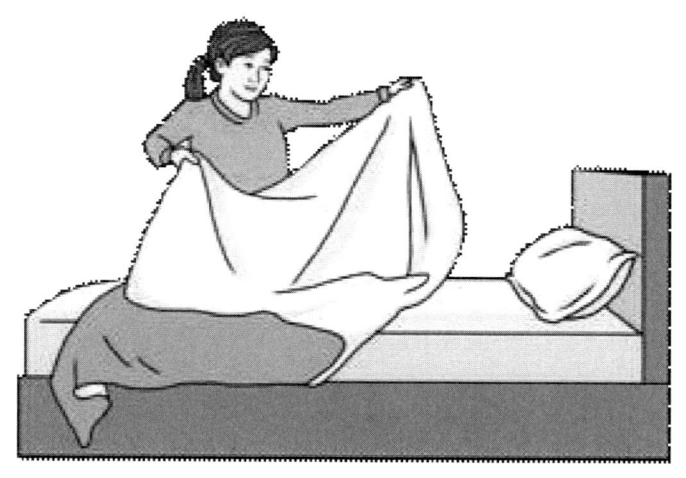

호텔의 침구정리원, 또는 하우스키핑 스태프는 주로 객실의 청소와 정돈, 그리고 기타 관련 업무를 담당한다. 침구정리원은 체크아웃한 고객이 머물렀던 객실의 침대 시트를 교체하고, 바닥을 청소하며, 화장실 청소를 하는 것이 주 업무다. 침구정리원은 객실의 가구를 원래 위치로 돌려놓고, 필요한 경우 미니바를 채우거나 커피·차 세트를 보충하기도 한다. 또한 사용된 수건, 시트, 베개 커버 등을 세탁실로 가져가고, 깨끗한 세탁물을 객실에 배치한다. 한편, 객실의 손상이나 변기막힘, 고장난 시설물을 보고하고, 필요한 경우 수리요청도 한다. 고객의 요청사항을 처리하거나, 추가적인 요청사항(예: 여분의 수건, 베개 등)을 처리하는 업무도 수행한다. 이런 업무를 통해, 침구정리원은 고객이 깨끗하고 편안한 환경에서 숙박할 수 있도록 돕고, 호텔이나 모텔 운영에 있어 중요한 역할을 담당하게 된다.

120. 직업지도: 출장청소도우미

출장 청소도우미는 고객의 집이나 사무실, 그 외의 장소에 직접 방문하여 청소 서비스를 제공하는 직업이다. 일반적인 청소는 바닥 청소, 가구 먼지제거, 화장실 청소, 주방청소 등이다. 난이도가 좀 있는 청소는 창문청소, 냉장고 청소, 오븐청소 등 고객이 일상적으로 청소하기 어려운 부분이다. 출장 청소 도우미는 때때로 고객의 물건을 정리하거나, 선반을 정돈하거나, 옷장을 정리하는 등의 업무를 수행하기도 하고, 애완동물 머리카락 제거, 특정 청소제 같은 고객이 특별한 청소 요청을 할 경우 특수청소도 한다. 청소 후에 자신의 작업을 검토하여, 놓친 부분이 없는지 확인하고, 필요한 경우 추가적인 청소도 진행한다. 청소도우미는 단순히 청소기술 외에도 고객서비스 기술이 필요하며, 고객의 사적인 집이나 사무실을 프라이빗 공간으로서 존중하고, 그들의 요구 사항을 충족시키는 데 중점을 두어야 한다.

121. 직업 세계의 변화와 장애학생 진로·직업교육의 난관

3D프린터, 블록체인, 사물인터넷(IoT), 인공지능(AI), 빅데이터, 로봇기술, 생명과학, 정보통신의 융합이 주도하는 제4차 산업혁명으로 인해 인류는 과거보다 더욱 광범위한 분야에 걸쳐 빠른 속도의 변화를 겪고 있다. 관련기술의 발달로 인해 이제까지 주로 제조업 분야에서만 자동화를 대체해왔던 로봇이 고객 응대, 지식산업 등 서비스 분야의 일자리를 대체하는 시대가 성큼 다가왔다. 사람이 붐비는 식당에서 서빙로봇이 피자를 갖다 주고, 손님이 되돌아가기 버튼을 누르는 것은 그리 낯설지 않은 풍경이 되었다. 현재 4차산업 진행 중에 살아가는 수많은 사람들은 퇴직 전에 로봇과 일자리를 놓고 경쟁하거나 사물인터넷이나 로봇에 의해 밀려나게 될 것이며 현재 직업의 절반이 20년 내에 사라질 것이라는 학자들의 예측이 있다. 또한 10년 후 일자리의 60%는 아직 탄생하지도 않았고 오늘날 학생들의 65%는 아직 현재에는 존재하지 않는 신생직업을 가지게 될 것이라고 미래학자들은 예견한다. 이렇다보면, 미래에는 색다른 창의성이나 고도의 감수성, 정서적 판단, 정성적 결정이 필요한 직업들만 남게 될 것이다. 이처럼 예측 불가능한 변화의 소용돌이 속에서는 非장애학생의 진로·직업교육도 명확한 설계와 안내를 하기가 어려운데 더욱 세밀하고 철저한 준비가 필요한 장애학생의 진로·직업 안내와 취업문제를 제시하는 것은 더욱더 쉬운 일이 아니다.

122. 직업 세계의 변화와 장애학생 진로·직업교육의 난관

AI, 빅데이터, 블록체인, 가상 현실 등의 기술 발전은 많은 직업에 변화를 가져왔다. 예를 들어, 직업세계에는 데이터 분석가, 머신러닝 엔지니어, VR 개발자 등의 새로운 직업이 생겨났다. 코로나19 팬데믹으로 인해 원격 근무가 일반화되었으며 이러한 트렌드는 직업 세계에 큰 변화를 가져왔다. 유연 근무 시간, 프리랜서, 기간제 계약 등 자율적인 근무 형태가 늘어나고 있다. 이는 기존의 9시-6시, 고정 근무 시간의 직업 구조를 변화 보여주고 있다. 환경 문제에 대한 인식 증가로 인해, 지속 가능한 일자리가 중요해지고 있으며 이에 따라 그린 에너지, 환경 보호, 재활용 등과 관련된 직업이 늘어나고 있다. 하지만 4차 산업혁명 속에서도 기술의 풍요를 충분히 누리지 못하는 외딴 성이 존재한다. 바로 장애학생들의 진로의 城이다. 장애학생의 진로·직업교육은 특수교육과 장애, 관련 유관기관에 대한 이해가 필요하고 현실에서 부딪히는 한계도 극복해야 하는 이중고가 존재한다. 2015년 제정된 '진로교육법'은 빠르게 변화하는 직업 세계에 대응하여 자신의 일과 삶을 개척하는 힘을 기르는 것을 목표로 하고 있다. 그러나 이 법에는 장애학생의 진로·직업교육과 관련한 내용은 '국가 및 지방자치단체가 진로교육 시책을 마련해야한다.'라는 필요성만 제기하고 있을 뿐, 이렇다할 방향성이라든가 재정적 지원, 구체적인 로드맵을 제시하지 못하고 있다.

123. 장애학생 진로직업교육 주요 정책 현황

일례로 서울특별시교육청은 특수학교 자유학기제의 전면 시행에 따른 안정적 운영을 위해 희망학교, 연구학교를 운영하여 우수모델을 발굴하고 있다. 특수학교 교실 수업을 개선하기 위하여 학교별로 교과협의회, 교사연구회를 운영하면서 다양한 자유학기제 활동 프로그램을 구성하도록 지원한다. 특수학교 자유학기제의 안착을 위해 컨설팅 및 프로그램 운영을 지원하고 지역사회 중심의 체험활동이 되도록 지원체계를 구축하고 있다. 직업교육 활성화를 위하여 유연성 있는 교육과정을 운영하고 장애학생의 특성과 요구에 맞는 직업재활 및 자립생활 훈련을 제공하기 위하여 노력하고 있다. 또한 진로·직업교육 연수 및 연구회 운영 등을 통하여 특수교사의 진로·직업교육 역량을 강화하고, 올바른 직업관 정립과 노동에 대한 이해도 제고를 위해 노동 인권교육을 실시하고 있다. 한편, 현장중심 진로·직업교육 강화를 통한 장애학생 희망일자리를 확대하려고 노력하고 있다. 장애학생 희망일자리는 특수학교(급) 고3·전공과, 자폐성 장애, 지적장애, 기타장애 학생 중 중증 장애학생을 대상으로 진로-직업교육과 고용 연계를 체계적으로 촉진하는 경력개발관점의 고용전환 프로그램이다. 관련 직무로는 행정업무보조, 교무업무보조, 시설관리업무보조, 사서업무보조, 급식업무보조 등이 있다. 지원고용 프로그램을 통해 교육기관 내 장애인 고용을 창출하려고 시도하고 있다.

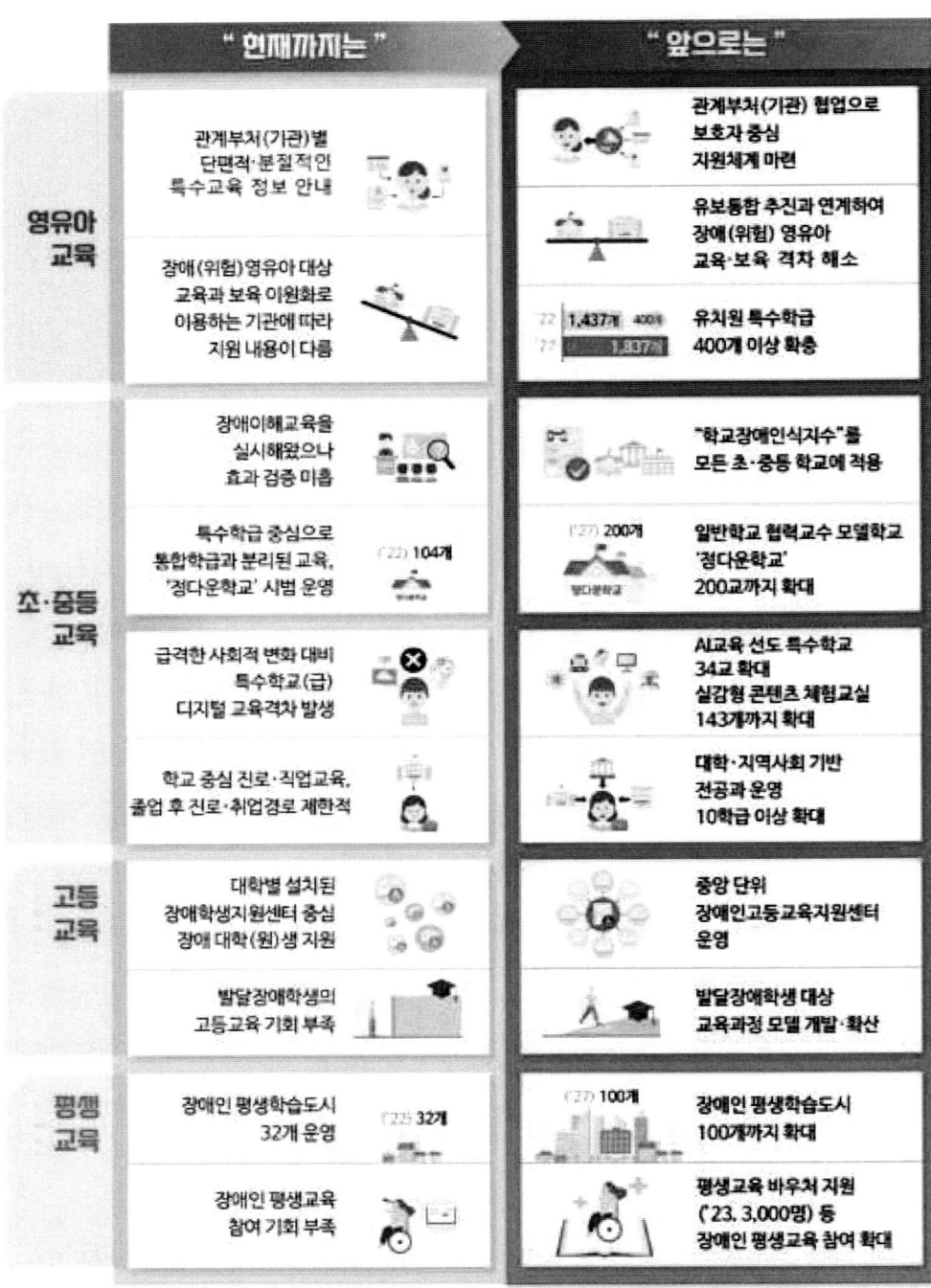

제6차 특수교육 발전 5개년 계획(2023-2027)의 기대효과. 교육부

제 2 장

영재 청소년의 진로교육

「영재들은 진로발달과 진로선택 과정에서 일반아동과 다른 특성을 보이므로 영재에게 적합한 진로지도가 필요하다. 영재들은 일반 청소년들에 비해 높은 진로성숙도를 보여줄뿐만 아니라 많은 관심분야와 다재다능함으로 인해 오히려 진로선택에서 어려움을 겪을 수 있다. 또한 자신들을 둘러싼 부모들의 과잉기대와 고정관념으로 인해 안전주의 진로를 선택할 수 있으며, 완벽주의 성향으로 인하여 진로결정이 지연될 수 있다.」

1. 영재 학생의 진로교육의 방향

영재학생의 진로지도는 그들의 뛰어난 능력과 잠재력을 최대한 발휘할 수 있도록 지원해야 한다. 그러기 위해서는 첫째, 개인화된 접근법을 써야 한다. 영재학생 각각은 자신만의 능력, 흥미, 목표를 가지고 있으므로, 그들의 개별적인 요구와 목표에 맞는 진로 지도가 필요하다. 둘째, 능력발전을 위하여 지원해주어야 한다. 영재학생의 특별한 능력을 발전시키기 위한 다양한 기회와 리소스를 제공해야 한다. 이는 특별한 학습 프로그램, 멘토링, 고급 수업 등을 포함할 수 있다. 셋째, 다양한 진로 탐색 기회를 주어야 한다. 영재학생에게 다양한 진로를 탐색하고, 다양한 학문 분야나 직업에 대해 배울 수 있는 기회를 제공해야 한다. 진로경험은 자신의 흥미와 능력에 가장 잘 맞는 진로를 선택하는 데 도움이 된다. 넷째, 실질적인 경험을 제공해야 한다. 인턴십, 연구 프로젝트, 봉사활동 등의 실질적인 경험을 통해, 영재학생은 자신의 진로에 대해 더 깊이 있게 이해하고, 자신의 능력을 실제로 활용해 보는 기회를 얻을 수 있다. 다섯째, 정서적 지원을 해야 한다. 영재학생은 때때로 자신의 능력 때문에 압박감을 느낄 수 있다. 따라서 그들의 정서적 건강을 지원하고, 자신의 능력을 긍정적으로 받아들이고 활용하는 방법을 배울 수 있도록 도와주어야 한다. 이상의 방법들을 통해, 영재학생은 자신의 능력을 최대한 발휘하고, 자신에게 가장 적합한 진로를 찾아 나갈 수 있을 것이다.

2. 영재성과 조기진급의 위험성

영재학생의 진로지도는 그들의 뛰어난 능력과 잠재력을 최대한 발휘할 수 있도록 지원해야 하지만, 자칫 영재성이 영재를 막을 수 있다. 가장 큰 이유는 바로 특정분야의 영재성 때문이다. 골고루 잘하면 오죽 좋으련만 대개의 영재들은 특정분야에서만 두각을 나타낸다. 수학계산에 대해 특별한 능력이 있다고 하여 수학영재라고 명명해서는 위험하다는 의미이다. 조기진급은 영재학생들에게 많은 이점을 제공할 수 있지만, 몇 가지 주의할 점들도 있다. 조기진급으로 인해 학생이 사회적, 정서적으로 성숙하지 않은 상태에서 더 어려운 학문적 환경에 직면하게 될 수 있다. 이는 스트레스, 부적응, 사회적 격리 등의 문제를 야기할 수 있다. 학생이 준비되지 않은 상태에서 더 높은 학년의 교육내용을 학습하게 될 경우, 학습의 기초가 부족하게 되는 문제가 발생할 수 있다. 이는 학문적 성취에 장애를 일으키거나 학습 동기를 저하시킬 수 있는 불완전한 학습이 될 수 있다. 조기진급한 학생에게는 자주 높은 기대치가 부여되며, 이로 인해 학생이 과도한 스트레스나 압박감을 느낄 수 있다. 과도한 기대치와 압박감은 학생이 가던 길을 포기하고 엇나가게 할 수도 있다. 이러한 위험성을 최소화하기 위해, 영재 학생이 조기진급을 결정할 때는 개인의 학문적 준비도뿐 아니라 사회적, 정서적 성숙도 등을 고려해야 하고 조기진급 후에도 지속적인 지원과 멘토링을 제공하여 학생이 새로운 학교 환경에 잘 적응할 수 있도록 도와야 한다.

3. 영재성을 판단하는 방법

영재학생의 영재성을 판단하는 방법은 여러 가지가 있다. 일반적으로 표준화된 IQ 테스트나 다른 학업 성취 테스트를 이용하여 학생의 능력을 평가하는 것이 일반적이다. 이런 테스트는 학생의 지적 능력을 정량적으로 측정할 수 있는 장점이 있다. 두 번째로는 교사의 추천이다. 교사들은 학생들과 가장 많은 시간을 보내며 그들의 학습 능력, 창의성, 문제 해결 능력 등을 직접 관찰한다. 교사의 추천은 학생의 영재성을 판단하는 중요한 방법 중 하나이다. 세 번째로는 학업 성적이다. 학생의 성적은 그의 학습 능력을 반영하며, 뛰어난 성적을 받는 학생은 종종 영재로 분류되기도 한다. 네 번째로는 창의성 및 문제 해결 능력이다. 표준화된 테스트나 성적만으로는 학생의 창의성이나 문제 해결 능력, 독창적인 사고 능력 등을 완전히 평가하기 어렵다. 이런 능력을 평가하기 위해 창의적인 작업, 프로젝트, 논증 등을 요구하는 평가도 영재성판단의 부족한 부분을 채울 수 있는 방법이다. 다섯 번째는 자기평가 및 부모의 평가이다. 학생 자신이나 부모는 학생의 능력, 흥미, 동기 등을 잘 알고 있으므로, 그들의 평가도 어느 정도 유용한 정보를 제공할 수는 있다. 이런 방법들을 종합적으로 사용하여 학생의 영재성을 판단하며, 한 가지 방법만으로 학생을 평가하는 것은 권장되지 않다. 각 학생은 자신만의 독특한 능력과 잠재력을 가지고 있으므로, 다양한 방법을 통해 종합적인 능력을 이해하려는 노력이 필요하다.

4. 영재성 이론1

Francoys Gagné는 영재성을 "자연적인 능력(Natural Abilities)"과 "시스템적인 학습(Systematic Learning)"을 통해 "뛰어난 성취(Outstanding Achievement)"로 이어지는 과정으로 보았다. 그의 가장 중요한 이론 중 하나는 '미분적 발달 이론(Differential Development Theory)'이다. 이 이론은 영재성이 개인의 내재적인 능력과 외부 요인의 복합적인 상호작용으로 발달한다고 주장한다. 그라니에는 주로 두 가지 개념을 중심으로 이론을 구성하였다. 선천적인 자연적 능력(Gifts)과 후천적인 성취(Talents)이다. 전자는 지적 능력, 창의성, 사회성, 감각·운동 능력 등으로 구성되며, 영재성의 기본적인 요소로 간주된다. 후자는 학문적, 예술적, 사회적, 체육적 등 다양한 영역에서의 뛰어난 성취를 의미한다. 이는 선천적인 자연적 능력이 환경적 요인(교육, 교육자, 자극 등)과 상호작용하여 발전된 결과라고 주장한다. 그라니에의 이론은 영재 교육의 중요성을 강조하며, 영재 학생들이 그들의 잠재력을 최대한 발휘할 수 있도록 지원하는 방안을 제시해 준다. 그는 모든 학생들이 각자의 잠재력에 따라 다르게 발달하므로, 개별적이고 맞춤형의 교육이 필요하다고 강조하엿다. 이는 자연적인 능력이 시스템적인 학습을 통해 발전된 결과로 간주된다. 이 이론에 따르면, 영재성은 단순히 타고난 능력이나 성취만으로 판단되는 것이 아니라, 그 두 가지가 어떻게 상호 작용하는지를 고려하여 이해해야 한다.

5. 영재성 이론2

　미국의 교육학자인 Joseph Renzulli가 제시한 것으로, 영재성을 결정하는 세 가지 주요 요소를 강조한다. Above Average Ability는 학문적 지적 능력을 의미한다. 렌즐리는 이것을 영재성의 필수적인 요소로 보았지만, 그 자체로는 충분하지 않다고 주장했다. Creativity는 새로운 아이디어를 생산하거나 문제에 부딪혔을 때 유연하게 대처하는 능력을 의미한다. 세 번째, 과제전념(Task Commitment)은 특정한 목표의 열정, 몰입을 의미한다. 렌즐리는 이것을 다른말로 '성취욕'이라고도 불렀다. 렌즐리의 이 이론에 따르면, 세 가지 요소가 모두 뛰어난 수준에서 결합되어야 진정한 영재성이 나타난다고 주장했다. 이처럼 (1)평균 이상의 지능 (2)창의성 (3)과제집착력이 서로 상호작용을 하여 영재행동이 발현된다고 하였는데 이때 특정분야가 커질 수도 있고 작아질 수도 있다. 고리가 항상 동일한 크기를 유지하면서 영재성이 나타나는 것이 아니라 성격요인과 환경맥락에 따라서 다르게 나타난다고 강조하였다. 렌쥴리에 따르면 지능은 다소 안정적으로 유지되나 창의성과 과제 집착력은 환경조건에 의해 크게 좌우되므로, 학습에 있어서 최선의 환경조건을 구비해야 인간의 재능과 잠재력을 발휘할 수 있다고 강조한다. 하운드투스 무늬배경 위에서 평균이상의 지능, 창의성, 과제 집착력이 상호 결합하여 인간의 능력이 발휘된다고 하였고, 하운드투스 무늬배경은 개인의 성격과 환경이 상호작용을 하여 만들어진다고 하였다.

6. 영재 진로지도의 어려움

영재 학생들의 진로 지도는 여러 가지 이유로 어려움을 겪을 수 있다. 다음은 그 중 몇 가지 예이다. 첫째, 너무 많은 선택지가 있어서 무엇을 어떻게 결정해야 할지 모른다. 영재 학생들은 다양한 선택지가 있지만 오히려 이런 다양성은 선택을 더 어렵게 만들 수 있다. 선택의 폭이 넓을수록 결정하는 데 필요한 정보와 고려해야 할 요소도 증가하기 때문에 일일이 다 따져보고 결정하려면 많은 시간이 소비되기도 하고, 방대한 결정계수로 인하여 갈팡질팡하는 경우도 생긴다. 둘째, 사회적인 기대치와 가족의 압박이 심할 수 있다. 영재 학생들은 종종 주변에서 높은 기대치를 갖고 바라본다. 이러한 사회적 시선과 가족의 바람은 오히려 지나친 압력으로 바뀌어 한 사람을 외부의 의도대로 몰고갈 확률이 크다. 또한, 자신이 선택한 진로가 자신의 능력을 최대한 활용하지 못한다고 느낄 경우, 그 선택에 대한 불만내지는 불안감 죄책감까지 느낄 수 있다. 셋째, 빠른 성장과 변화이다. 영재 학생들은 종종 자신의 관심사나 목표가 빠르게 변하는 경향이 있다. 이는 진로결정을 더욱 복잡하게 만들 수 있다. 빠른 학습 능력 때문에 여러 분야에 대한 깊은 지식을 가지고 있을 수 있어, 하나의 진로를 선택하는 것이 부족하다거나 어려울 수 있다. 넷째, 영재 학생들은 종종 사회적, 감정적 문제를 겪을 수 있습니다. 그들은 동료들과의 관계 유지, 스트레스 관리, 실패에 대한 두려움 등 여러 문제에 직면할 수 있다.

7. 성공한 영재 진로교육

한국에서 성공한 영재교육의 대표적인 사람으로는 수학자인 김용욱 교수를 들 수 있다. 김용욱 교수는 한국과학기술원(KAIST)에서 교육하며 많은 영재들을 양성해낸 인물로 세계적 수준의 수학자로서 학문적 업적을 쌓아 나가는 것뿐만 아니라, 우수한 교육자로서도 널리 알려져 있다. 그의 영재교육 성공의 비결은 무엇일까? 첫째, 강한 전문성이다. 김용욱 교수는 세계적인 수준의 수학 연구를 진행하면서 깊은 전문성을 갖추었다. 이러한 전문성은 학생들에게 고도의 수학 지식을 제공하는 데 큰 도움이 되었다고 한다. 둘째, 개별화교육이다. 김용욱 교수는 학생 한 사람 한 사람의 능력과 흥미를 존중하며, 그에 맞는 교육을 제공하고 학생들은 답례로 자신의 잠재력을 최대한 발휘할 수 있었다. 셋째, 열정적인 교육 태도이다. 김용욱 교수는 수학에 대한 깊은 열정을 가지고 있으며, 이를 학생들에게 전달하려 노력했다. 그의 열정은 학생들에게도 큰 동기부여가 되었다는 설이 있다. 넷째, 장기적인 관심과 지원이다. 김용욱 교수는 학생들이 성인이 될 때까지 그들의 학문적 성장을 지원하고 격려했다. 이러한 장기적인 관심과 지원은 학생들이 지속적으로 자신의 재능을 발전시키는 데 도움이 되었을 것이다. 이러한 요소들 덕분에 김용욱 교수는 많은 영재 학생들을 양성하는 데 성공했으며, 본인도 영재로서 많은 찬사를 받았다.

8. 초등학교 영재대상 진로교육 프로그램

초등학교에 영재학생들을 위한 진로교육 프로그램은 학생들의 독특한 개성과 재능을 극대화하고, 그들의 잠재력을 최대한 발휘할 수 있도록 지원하는 것을 목표로 한다. 일반적으로 학생들의 학습 및 진로 심화형태로 운영되고 있다. 가장 일반적으로 운영되는 유형은 학교별 영재교육이다. 지역 학교별로 영재학급운영 학교를 선정한 후, 지역의 각 학교에서 모집후, 방과후로 운영되는 형태이다. 다음, 16개 시도교육청별로, 여기에 또 하위 지역교육청별로 영재들을 모집하여 한 학교에 위탁하여 운영하고 있다. 이렇게 전국적으로 운영되고 있는 지역교육청 영재교육센터에서는 과학, 수학, 예술, 체육 등 학생들의 재능에 맞는 다양한 프로그램을 제공하여, 학생들이 자신의 재능을 더욱 발전시킬 수 있도록 지원하고 있다. 한편, KAIST 과학영재교육연구원에서 진행하는 온라인 영재교육 프로그램 유형이 있다. 인터넷을 통해 제공되는 온라인 영재교육 프로그램을 통해 학생들은 자신의 편한 시간과 장소에서 다양한 영재교육 과정을 이수할 수 있다. 이 외에도 일정 기간 동안 집중적으로 특정 주제를 다루는 캠프나 워크숍도 대학부설 영재교육원에서 수학, 과학, 로봇, 음악, 발명 등 다양한 프로그램이 영재학생들에게 제공된다. 학생들은 이러한 영재프로그램을 통해 특정 분야에 대한 깊은 이해를 높일 수 있고 자신과 비슷한 수준의 영재들과 창의적 생각을 교환할 수 있다.

9. 중학교 영재대상 진로교육 프로그램

　지역교육청 영재교육센터를 통해 모집된 중학교 영재들은 교육청 위탁학교 또는 교육청 내부의 영재교육센터(과학교육원)에서 교육을 받는다. 일반적으로 가장 뛰어나다고 생각되는 영재들이 모이게 되며, 교육을 받기위해 어느정도 경쟁을 수반한다. GED 시스템을 통해 지원하고, 합격하면 다니게 되는 구조이다. 다음, 일반적으로 운영되는 학교별 영재학급에서는 학생들의 개별적인 재능과 흥미를 근거로 한 다양한 프로그램을 운영한다. 일례로, 과학연구프로그램에서는 학생들이 과학적 원리를 탐구하고, 실험을 통해 이해하는 프로그램을 진행한다. 학생들은 과학적 사고력과 문제해결능력을 향상시키며, 과학에 대한 심화적 이해를 하게 된다. 수학, 융합, 정보, 발명 등 학교별로 다양한 주제로 운영되고 있으며 역사, 문학, 철학 등 인문학 분야를 깊이 있게 탐구하는 인문학탐구프로그램도 있다. 여기에 다양한 예술 분야에서 창의적인 작품을 만들어 내는 예술영재프로그램도 있는데, 학생들의 예술적 감각을 발전시키고, 창의적 표현력을 향상시키는 데 초점을 둔다. 이 외에도 글로벌 리더십 프로그램에서는 외국어 학습, 다문화 이해, 국제적 이슈 탐구 등을 통해 글로벌리더십을 기른다. 이 프로그램은 학생들이 국제적인 시각을 갖고, 다양한 문화와 가치를 이해하는 데 도움이 된다. 이러한 프로그램들은 학생들의 잠재력을 최대한 발휘시키고, 미래의 진로와 목표를 설정하는 데 도움을 주고 있다.

10. 고등학교 영재대상 진로교육 프로그램

국내에서 고등학교 영재교육 프로그램은 수학능력시험이라는 입시의 굴레를 벗어나지 못한다. 하지만 다양한 산출물 대회, 발명대회, 정보대회 등 대회 유형으로 실시되면서 교육은 자발적 팀별로 운영되고 교사가 지원하는 방식으로 운영되고 있다. 고등학교의 영재교육 프로그램 중 가장 대표적인 것은 특정 학문 분야에 대한 연구프로그램이다. 과학, 수학, 인문학, 예술 등의 분야에서 학생들은 주제를 선정하고, 깊이 있는 연구를 수행하면서 대학 수준의 연구 역량을 기르고, 진로 선택에 도움을 받는다. 다음으로 전문가나 대학 교수 등의 멘토링을 받는 프로그램도 있다. 학생들은 멘토의 지도 아래에서 학문적 지식을 심화시키고, 연구능력도 향상시킨다. 또한 특정주제에 대해 집중적으로 학습하는 영재캠프도 운영된다. 캠프에서 학생들은 주제를 깊이 있게 탐구하고, 동시에 다른 영재학생들과 교류하며 네트워크를 형성한다. 한편, 일부 고등학교에서는 해외의 대학이나 연구소를 방문하는 프로그램을 제공하기도 한다. 이를 통해 학생들은 국제적 시각을 갖게 되고, 다양한 문화와 학문 환경을 경험하고 글로벌 감각을 키운다. 끝으로 진로탐색프로그램은 대학 진학을 위한 상담, 직업체험, 진로 워크숍 등으로 운영되면서 자신의 흥미와 재능에 맞는 진로를 찾도록 지원한다. 이러한 프로그램들은 비록 수학능력시험의 굴레를 벗어나지는 못하더라도 미래 학생들의 진로를 준비하는 데 도움을 주는 중요한 역할을 한다.

제 3 장

탈북 청소년의 진로교육

「진로교육법 제 5조 "국가 및 지방자치단체는 장애인, 북한이탈주민, 저소득층 가정의 학생 및 학교 밖 청소년 등 사회적 배려 대상자를 위한 진로교육 시책을 마련하여야 한다"에 의거하여, 탈북청소년들을 위한 다양한 학업지원 프로그램들이 운영되고 있다. 탈북 청소년의 낮은 학업 성취, 기초학력 부족 및 취약한 가정환경 특성을 고려한 다양한 예비대학, 멘토링 제공 및 교사교육 프로그램들이 운영되어오고 있다」

1. 탈북 청소년의 현황

초등학교, 중학교, 고등학교, 기타학교 (특수학교, 각종학교, 공민학교, 고등공민학교, 고등기술학교, 방송통신 중·고등학교)에 재학 중인 탈북학생 수는 2022년 4월 기준으로 2,061명으로 2017년까지 증가하다가 점차 감소 추세를 보이고 있다. 학교 유형별 탈북학생 수 변화를 살펴보면, 2022년 4월 기준으로 학교별 재학 인원은 초등학교 522명, 중학교 659명, 고등학교 725명, 기타학교 155명으로 확인되었다. 비율로 보면 고등학교(35.2%) > 중학교(32.0%) > 초등학교(25.3%) > 기타학교(7.5%)의 비율로 재학 중이다. 성별 탈북학생 수 변화를 보면, 2022년 4월 기준 기준 탈북남학생은 1,057명, 여학생은 1,004명이다. 남학생 51.3%, 여학생 48.7%로 큰 차이가 나지 않는다.

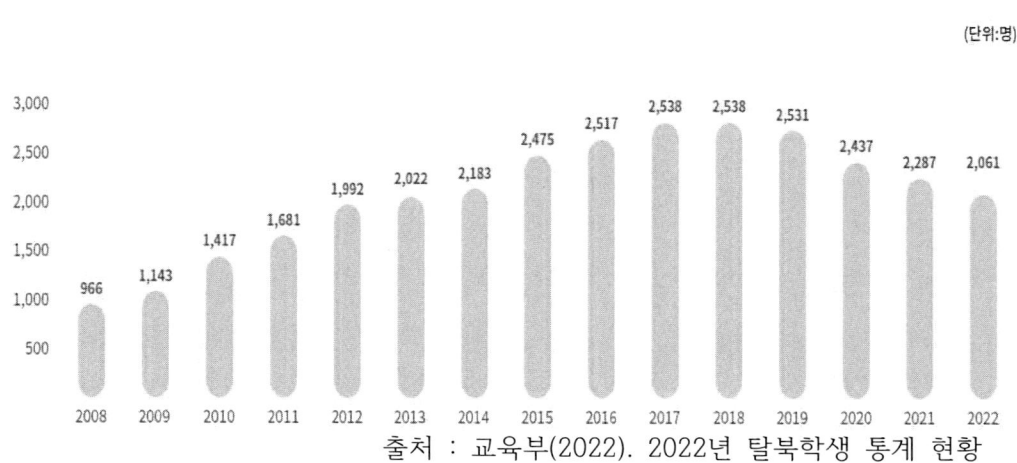

출처 : 교육부(2022). 2022년 탈북학생 통계 현황

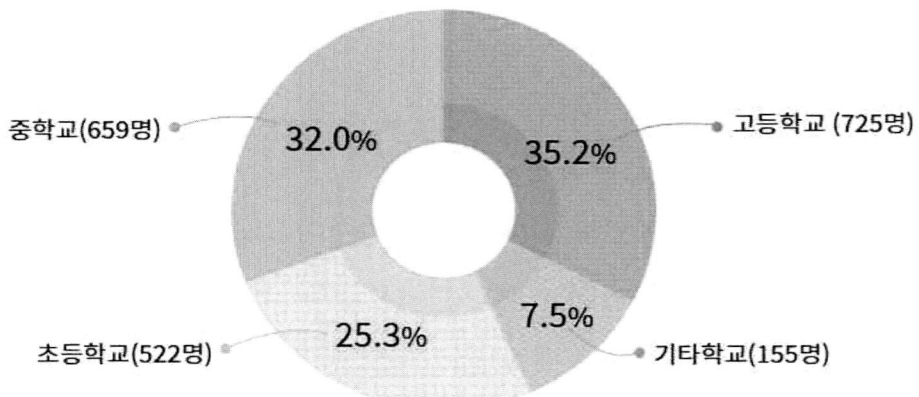

출처 : 교육부(2022). 2022년 탈북학생 통계 현황

출생국별 탈북학생 수 변화를 보면, 2022년 4월 기준 탈북학생 중 북한 출생은 635명(30.8%), 제3국(중국 등) 출생은 1,426명(69.2%)으로 보고되고 있다. 제3국(중국 등) 출생은 꾸준히 증가하여 2015년부터는 북한 출생보다 제3국(중국 등) 출생이 더 많은 것으로 나타났다.

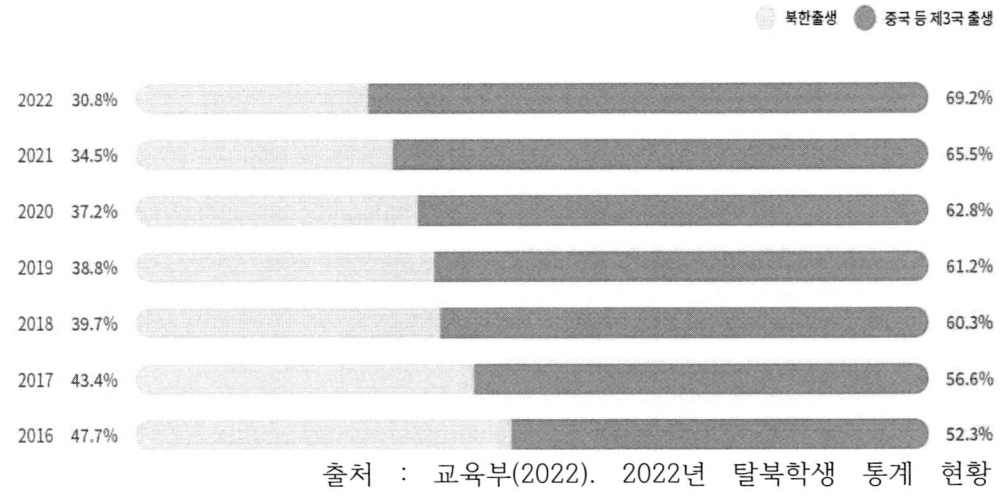

출처 : 교육부(2022). 2022년 탈북학생 통계 현황

지역별 탈북학생 수를 살펴보면 2022년 4월 기준 기준으로 탈북학생이 가장 많은 지역은 경기도에 665명(32.3%)이 제일 많이 거주하고, 서울특별시가 429명(20.8%), 인천광역시는 193명(9.4%)로 수도권에 60% 이상 거주하는 것으로 나타났다.

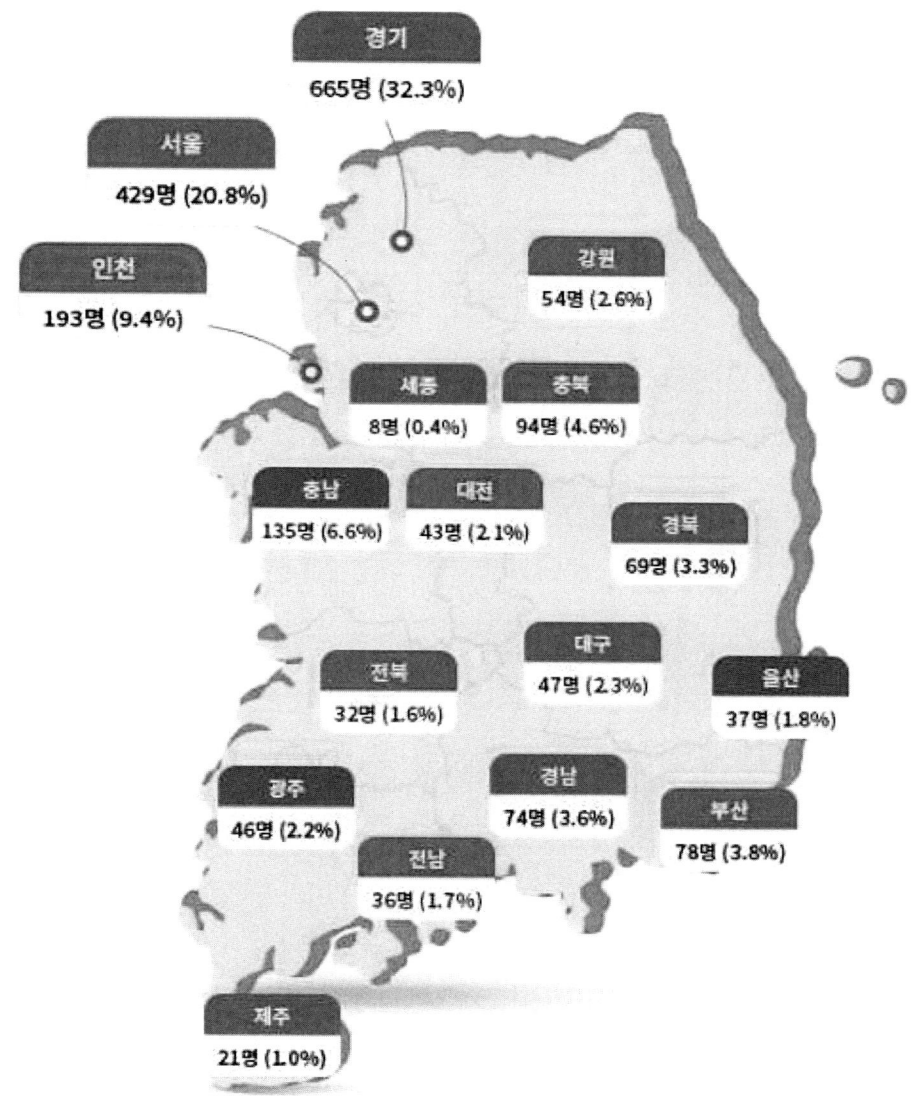

출처 : 교육부(2022). 2022년 탈북학생 통계 현황

2. 탈북 청소년 진로 지원 사업

탈북 청소년의 진로지원 사업으로는 첫째로, 북학생의 심리·정서적 안정과 사회 적응을 목표로 멘토(현직 교원)와 멘티(탈북학생)의 1:1 결연을 통해 정서적 교류와 학습 지도 등을 지원하는 장기 멘토링 사업으로 성장 멘토링(VASI) 사업이 있다. 이때, **VASI**란 Voluntary(자발적인), Active(적극적인), Sustainable(지속가능한), Improvement(향상)의 약어로 탈북학생과 멘토(현직 교원)가 자발적이고 적극적인 활동을 통해 지속적으로 동반 성장하여 통일시대 맞춤형 인재로 성장하길 바라는 의미를 담고 있다. 한편, VASI는 터키어로 '후견인, 보호자'를 의미하기도 한다. 이렇듯 교육부와 한국교육개발원 탈북청소년교육지원센터가 지원하는 「2023년 성장 멘토링(VASI)」는 탈북 청소년 진로교육에 상당한 기여를 하고 있다. 참여대상은 초등학교 1학년부터 고등학교 2학년에 재학 중인 탈북학생으로 부모 중 1인이 북한이탈주민인 학생(북한, 제3국, 국내 출생자)이면 가능하다. 신규 지원의 경우 고등학교 2학년까지 신청 가능하나 계속 지원은 고등학교 3학년까지도 가능하며, 활동 기간은 멘토링 시작일로부터 2년 이상 지속된다. 실시방법은 현직 교원인 멘토가 멘티의 상황이나 욕구 등을 고려하여 멘토링 활동 계획을 수립하고, 월 2회 최소 2시간 이상(총 4시간 이상) 멘토링 활동 실시하게 되며, 상황에 따라서는 비대면 교육 활동도 가능하다.

두 번째 진로지원 사업으로는 대학 특별전형을 들 수 있다. 어찌보면 북한이탈 청소년은 국내 입시생보다 대학에 쉽게 간다고 생각할 수 있다. 이유는 상당수의 대학교가 탈북 청소년들을 위한 특별전형을 실시하고 있기 때문이다. 이러한 제도 때문에 한편으로는 역차별이라는 의견도 많았다. 정착에 도움을 주는데 왜 명문대를 보내줘야 하냐는 반응부터 왜 특별전형이 따로 존재하는지 이해할 수 없다는 반응도 있었다. 하지만 올해 남북하나재단에서 게시한 2021학년도 입시자료집에 따르면 북한이탈청소년에게 대학 입시는 제도처럼 쉽지가 않다. 북한이탈주민특별전형은 정원외 전형으로 분류도고 말 그대로 정원 외 전형으로 분류되기 때문에 대학에서는 지원자가 있더라도 선발 자체를 하지 않을 수 있다. 실제로 일부 대학에서는 정원 외 전형 학생의 25%를 재외국민 학생으로 선발해 문제가 된 적도 있다. 문제는 '북한이탈주민특별전형'이라는 특별전형이 따로 존재하기 보다는 재외국민, 고른기회, 기회균형 등의 특별전형으로 함께 경우가 많다. 따라서 탈북 청소년들은 결국 외교관 자녀 같은 국내 학생들과의 경쟁을 피할 수 없다. 실질적으로 우리가 일반적으로 생각하는 것처럼 탈북 청소년들이 대학에 가는 것이 제도처럼 쉽지가 않다. 한편, 학비와 관련하여서는 초등학교, 중학교, 고등학교(특수학교, 각종학교를 포함)에 25세 미만 탈북 청소년이 입학 또는 편입학하는 경우에는 입학금과 수업료가 지원된다. 여기에 학교운영지원비 및 기숙사 사용료 등도 면제된다. 이러한 지원은 통일부장관 및 자치단체장이 발급하는 교육보호대상자증명서를 해당 학교장에게 제출했을 때 가능하다.

3. 탈북 청소년의 어려움

　북한 이탈 주민의 수는 1990년대부터 가파르게 급증하기 시작하였다. 점차 시간이 지나면서 2000년대 이후에는 한국사회에 먼저 정착한 북한 이탈주민이 북에 남아 있는 가족과 형제를 데려오는 가족단위의 탈북이 증가하는 경향을 보이고 있다. 중국이나 제3국에서의 체류 경험이 없이 바로 입국하는 사람의 비율도 늘고 있다. 이에 따라 탈북청소년의 수도 늘어나게 되면서 한국사회적응 과정에서 부적응 현상을 보일뿐만 아니라 때로는 그들의 일탈 행위가 새로운 사회문제도 되고 있다. 하지만 탈북학생 대부분은 보다 나은 미래를 준비하기 위하여 대학에 진학하려는 의욕이 강하다. 그래서인지 공부에 대한 열의가 초반에는 매우 높다. 그러나 학령을 초과하고 낮은 학업 수준을 보이는 탈북학생일수록 학업에 대한 열의가 약해지고 쉽게 학업을 포기하는 모습이 강하다. 국내 탈북 청소년은 남북 교육제도 등 차이로 인한 어려움을 크게 느낀다. 특히 영어와 수학에 있어서 학습의 어려움이 있으며, 언어활동의 기초가되는 국어 과목도 어려워한다. 사교육이 필요한 경우도 있지만 경제적이 이유 때문에 대부분이 받기가 쉽지 않고, 상급학교로 진급할수록 중도포기가 급증하는 추세다. 따라서 공부방 활성화 등 맞춤형 대책이 절실하지만 제도의 한계로 인하여 진단에 대한 처방이 어렵다. 탈북 청소년은 또래 아이들이 사용하는 은어(특정 집단에서만 쓰는 말)를 알아듣지 못해 대화하는 게 쉽지 않다. 탈북 과정에서의 학습공백으로 영어와 수학, 과학은 물론 국어 수업도 따라가기 힘든 처지이다. 게다가 교육에 관심이 낮은 부모는 본인들의 자녀를 학원에 보내지 않으려는 성향이 강하다. 설령 학원에 다니게 해주어도 학원안에서 알아들 수 있는 배경지식이 그리 많지 않아 그곳에서의 학습도 버겁기는 학교와 별반 다르지 않다는 점에서 한계가 있다. 한국 학생들과 비슷한 유년 시절을 겪지 못해 과거의 경험에 대한 공감대가 없다 보니 학교생활에 적응하는 데 적지 않은 시간이 걸리며, 부모들은 경제적 자립과 부의 축적에 우선적 목적을 두기 때문에 자녀들의 학습에는 소원한 경향이 있다. 탈북 청소년들은 거의 수도권에 거주하는 경향이 있다. 따라서 서울 중심의 문화에 쉽게 접할 수는 있지만 문화의 저변에 흐르고있는 개인주의적, 자유주의적, 상업적 사고에 충분히 익숙하지 못하여 어려움을 겪을 수 있다. 수도권에 절반이 넘는 탈북학생이 살고 있는 만큼, 서울시교육청은 학기 평일과 주말, 방학을 활용해 탈북학생의 교육을 지원하는 사업을 시행해오고 있다. 그 중 방학 동안 학습 멘토링과 진로 탐색 프로그램을 제공하는 '탈북학생 방학학교'는 4년 전부터 학교 공간을 빌려 민간위탁으로 운영되고 있는데, 참여자 100명의 학생과 교사의 비율이 1대1로, 밀착 교육을 하고 있다.

　탈북 청소년 중 상당수는 1990년대부터 지속한 경제난으로 북한에서 학교에 다니지 못했다. 해당 실태조사에서 탈북 청소년 10명 중 5명이 북한에서 학교에 다닌 경험이 없는 것으로 나타난 것도 이 때문이다. 북한에서 기초학습능력을 쌓지 못한 탈북 청소년들은 수업 내용을 이해하기 힘들다. 하지만 학생 수가 많은 학교에서는 진도에 맞춰서 수업을 진행하다 보니 학업 과정에서 어려움을 겪는다. 탈북 청소년들이 공부하기 힘들어하는 부분은 영어와 수학이지만 국어도 읽는 속도가 느리거나 이해력이 부족한 경우도 적지 않다. 부족한 기초학습능력을 보완하고 학교 수업 진도를 따라가려면 사교육이 필요할 수도 있다. 하지만 이조차도 쉽지 않다. 탈북청소년 실태조사에 따르면 10명 가운데 6명이 학원 등 사교육을 받지 못하는 것으로 나타났다. 무엇보다 사교육비를 감당하기 힘든 경제적 요인도 있지만 학원공부에 회의감을 갖고 있는 부모들이 자녀를 학원에 보내지 않는 것이 원인이 된다. 한편 북한 이탈 주민 특례 전형을 통해 대학에 진학할 길이 열려 있는 것도 어떻게 보면 자녀교육에 대한 관심을 높이는 데 장애가 된다. 결국 탈북 청소년의 기초학습능력 부족은 학업 중도 포기 등으로 이어질 확률이 높다. 특히 수업 내용이 어려워지는 상급학교로 갈수록 중도 포기 가능성이 커진다. 교육부(2022)에 따르면, 최근 3년간 탈북 학생 학업중단율이 감소 추세지만 일반 학생과 비교했을 때 일반적으로 2배 더 높은 것으로 나타났다. 탈북학생의 학업중단율은 2019년에는 2.9%, 2020년은 1.2%, 2021년도에는 1.6%인데 비하여 일반학생은 0.8%, 0.5%, 0.5%로 조사됐다. 수업진도를 따라가지 못해서 학업을 중단하거나 학교생활에 적응하지 못한 탈북 청소년들은 인생에서 가장 중요한 청소년기를 소모해버린다. 북한에 비하면 남한은 아르바이트라도 할 수 있으니 현재의 상황을 벗어나겠다는 의지를 발휘하는 대신 지금의 일상에 만족하며 사는 성향을 보일 수 도 있다. 공부와 도전, 꿈과 용기, 더 상급의 교육에 대한 욕구가 상쇄될 수 있다. 정부도 탈북 청소년의 교육 문제 해결을 위하여 한국교육개발원 산하 탈북청소년교육지원센터를 통하여 다양한 지원정책을 지속하고 있지만 현재의 지원 시스템이 탈북 청소년이 직면한 문제를 해결하는 데 한계가 있다는 지적이 제기되고 있다. 탈북 청소년이 거주하는 지역 특성과 환경 등을 고려한 맞춤형 대책을 고려해야 한다는 것이다. 탈북 청소년들의 문제를 크게 세가지로 요약해보면 첫째, 한국 친구들의 차별적 시선에 상처를 입어 학교생활의 적응과정에 있어 관계적 어려움을 겪고 있다. 이는 탈북청소년의 특성을 제대로 이해하지 못하고 편견과 이중적 잣대로 바라보며 폄하는 한국사회의 태도와 관계된다. 둘째, 탈북청소년의 상당수는 교과서의 용어나 내용을 이해하지 못하고 학업 성취도에서도 부진을 면치 못하고 있다. 이는 기본적인 배경지식의 부재에서 오는 기초부족으로 볼 수 잇다. 셋째, 무엇보다 경제적 어려움의 문제이다. 먹고살기 바쁜 가정에서 공부와 진로는 사치로 보일 수 있다. 이러한 문제점을 인식하고 국내에 정착한 탈북 청소년들의 한국 사회적응을 위해 정부는 하나원 및 탈북청소년교육지원센터을 통하여 다양한 지원을 하고는 있지만 체감할 수 있는 교육환경과 프로그램 개발에는 여전히 부족한 감이 없지않다. 탈북청소년들의 한국사회 내의 부적응을 극복하기 위해서는 무엇보다 교실급우들의 의식변화와 경쟁력있는 민간단체의 참여도 함께 이루어져야 한다.

4. 탈북 청소년의 대학생활 어려움 사례

탈북 5년 차인 ㄱ씨가 <대학영어> 수업에서 교수로부터 들은 말이다. 본교 20학번으로 재학 중인 ㄱ씨는 북한에서 고등학교 과정을 마치고 2019년 남한에 정착했다. 남한에 온 직후 대안학교의 도움을 받아 약 1년간 대입을 준비했다. 힘겨운 여정이었다. 남한 학생들이 10년 넘게 공부한 내용을 단 1년 동안 압축해서 배워야 했다. 오후7시부터 자정까지는 아르바이트를 해야 했기에 주로 새벽에 공부 했다. "(대안학교) 선생님들이 추천해 주신 책을 봐도 문맥과 내용을 이해하지 못했어요. 그래도 '계속 보면 이해가 가겠지'하는 마음으로 읽고 또 읽었어요." '노력은 배신하지 않는다'는 말을 증명하듯 이듬해 ㄱ씨는 20대 중반의 나이로 본교에 입학했다.

대학 입학의 기쁨도 잠시, ㄱ씨는 영어라는 큰 산을 마주했다. "고등학교를 졸업하고 중국에 체류하다가 한국에 오면 영어를 다 잊어버려요. 기초부터 다시 배워야 한다고 보면 됩니다." 기초 수준의 영어 실력을 가진 ㄱ씨에게 영어로 된 장문의 글을 읽고 토론해야 하는 수업은 고역이었다. "교수님들이 영어 자료를 활용하시는데 세부적인 내용은 설명해 주시지 않아 이해하기 어려웠어요." 공부와 아르바이트를 병행하며 어렵게 본교에 입학한 ㄱ씨에게 '어떻게 이런 영어 실력으로 입학했냐'는 한 마디는 상처로 남았다. 영어 강의를 제외하고도 장벽은 많았다. 외래어와 영어를 자연스럽게 사용하는 남한의 언어 때문에 강의 내용 자체를 이해하기가 어려웠기 때문이다. 동영상을 다시 볼 수 있는 녹화강의가 ㄱ씨에겐 오히려 다행이었다. "외래어를 많이 사용하고 문법도 다르니까 1시간짜리 영상을 한 번 보는데 3시간이 걸렸어요."

입학 후 1년간은 '오픈북 시험'이 뭔지도 모를 정도였다. "교수님이 오픈북인데 시간이 왜 부족하냐고 하셨어요." 같이 수업을 듣는 학생이 왜 책을 보지 않냐고 말해줘서 알게 됐다. "북한에는 그런 개념이 없었거든요. 내가 필기한 것을 보고 쓸 거면 시험을 왜 보는지 이해가 안 됐어요."

반세기가 넘는 분단의 시간 동안 남북한의 언어 체계가 달라졌다. <통합적사고와글쓰기> 수업에서 ㄱ씨는 북한에서 배운 문법대로 글을 작성했다. 한국에 온 지 1년이 겨우 넘은 ㄱ씨는 문법 오류 검사기의 존재를 알지 못했다. "배운 대로 썼는데 예전에 사용하던 문법이라며 교수님이 빨간 줄을 막 그으셨어요. 처음부터 다시 배워야 한다는 생각에 막막했습니다."

언어 장벽과 문화 차이로 좌절의 연속이었던 첫 학기를 보내고 성적표를 받았다. "어릴 때부터 공부를 나름 잘 해 왔다고 생각했는데 성적표에는 태어나서 처음 마주하는 점수가 적혀 있었어요. 눈물이 났죠."

아주대에 재학 중인 탈북 4년 차 ㄴ씨(전자공학·21)에게도 영어는 학업의 걸림돌이다. "모르는 표현이나 문법을 동기들에게 물어보고 싶지만 '중학교 때 배우는 건데 왜 모르냐'고 할까 봐 그만둬요." 전공 특성상 교재는 대부분 영어 원서다. 원서만으로는 이해가 어렵기 때문에 항상 번역본까지 두 권을 구매한다. 두 권을 대조하며 암기하는 방법밖에 없기 때문이다.

언어 장벽으로 인한 학습의 어려움은 이들만의 문제가 아니다. 2023년 3월 기준 본교에 재학 중인 북한이탈주민 학생은 53명이다. 2022년 한국웰니스학회지에 등재된 연구에 따르면 2020년 기준 탈북 대학생의 중도 탈락률은 남한 대학생에 비해 4년제 대학에서는 평균 75.3% 높았고 전문대에서는 74.6% 높았다. 중도 탈락한 이유로는 '수업 내용을 따라가기 어려워서'의 비율이 28.1%로 가장 높았다.

남북하나재단 연구원 장인숙 교수(북한학과)는 "(탈북 대학생들이) 우리 사회에 대한 충분한 적응과 이해가 부족한 상태로 대학부터 진학하는 경우, 기초학력이 부족한 상태에서 수업을 따라가는 것이 쉽지 않다"고 말했다. 학력 중심의 사회에서 더 나은 삶을 추구하며 대학에 진학하지만, 수업 내용을 따라가기 힘들어 중도 탈락으로 이어진다는 것이다.

ㄱ씨는 우여곡절 많았던 대학 생활을 거쳐 올해 졸업종합시험을 앞두고 있다. "입학하기 위해 준비한 것이 아까워서 그만두는 것은 말도 안 된다고 생각했어요. '남들도 다 하는데 포기하는 게 어딨어'라고 생각하며 오기로 버텼습니다."

탈북 대학생으로 이뤄진 교내 동아리 '어깨동무'가 그의 버팀목이었다. "북한에서 온 학생들은 탈북 과정에서 시간이 걸리기 때문에 20살에 입학하는 경우는 거의 없어요." 나이 차이가 많이 나는 동기들과 친해지기는 쉽지 않았다. 대신 먼저 입학한 동아리 선배들과 교류하고 학교 생활에 대한 정보를 얻었다. 선배들은 시간표 짜는 방법이나 졸업 요건, 학교 시설 등 다방면에서 조언을 아끼지 않았다. 동아리 안에서만큼은 '어디에서 왔냐'는 질문을 듣지 않을 수 있었다.

이제 ㄱ씨는 후배들의 학교생활에 도움을 주는 선배가 됐다. "후배로 입학한 탈북 학생들이 나만큼 어려움을 겪거나 헤매지 않았으면 좋겠어요." 본인이 먼 길을 돌아왔기에 지름길을 알려주고 싶은 마음이었다. 후배가 도움을 요청하면 함께 수강 신청을 해주기도 한다.

ㄱ씨는 지금까지의 시간을 돌아보며 "과거에 겪은 어려움이 디딤돌이 돼 타인의 아픔에 더 잘 공감할 수 있게 됐다"고 전했다. "평범한 삶에 감사하며 더 단단한 자아로 살아가고 있어요." 그는 북한에서 태어나 남한 대학생과는 다른 경험을 한 만큼 일상을 소중히 여기게 됐다.

"북한 사람을 외국인처럼 보지 말고 한 민족이라고 생각했으면 좋겠어요." ㄴ씨는 학생들이 북한에 대한 선입견을 갖지 않았으면 좋겠다고 말했다. 부산이 고향인 사람이 부산 사투리를 사용하듯, 북한이 고향인 같은 민족일 뿐이라는 것이다.

장 교수는 "탈북민에 대한 이해의 폭을 넓히고 그들이 우리와 다르지 않은 일반 학생임을 알리는 교육이 필요하다"고 말했다. "학생들이 탈북민임을 드러내는 것이 부담스럽지 않고, 쉽게 도움을 요청할 수 있는 분위기를 만든다면 학교 적응에 큰 도움이 될 것입니다." -출처: 이대학보(https://inews.ewha.ac.kr)-

5. 탈북 청소년의 진로 굴레와 특성

탈북 과정에서 발생할 수밖에 없는 장기간의 학업공백 후, 운이 좋게 한국에 입국하여 중·고등학교에 편입학한 탈북학생들은 동급생보다 나이는 같거나 많은 반면, 학력은 오히려 떨어지는 경우가 많다. 어찌보면 아주 당연한 일이다. 하지만 대학은 갈 수 있다는 믿는 부분도 분명히 있다. 믿는 한편으로 탈북학생을 대상으로 한 대학특례입학 제도가 있기 때문에 대학을 들어가는 통과관문에는 큰 문제가 없다는 막연한 생각이 내재해 있는 경우도 있다. 하지만 대입에 필요한 학력이 갖춰져 있지 않기 때문에 많은 탈북청소년들이 대학에 진학하여 학업을 수행하는 데 많은 어려움을 겪게된다. 탈북대학생 중에는 학업을 제대로 수행하지 못함으로써 휴학하거나 중도에 탈락하는 경우도 많다. 이유인즉 문화누적 결손과 한국사회에 대한 이해가 부족한 경우가 많기 때문이다. 그렇기 때문에 충분한 이해와 정보를 바탕으로 자신의 소질이나 적성을 고려하여 진로를 결정하기보다 일시적인 유행이나 쉬운 길의 경향을 쫓아 진로를 선택하는 경우가 많다. 탈북학부모 또한 경제활동으로 바쁘거나 사회에 대한 충분한 정보나 이해의 부족으로 자녀의 진로선택에 도움을 주기 어려운 상황이다. 북한에서는 전체주의적 특징으로 국가에서 학생들의 진로진학 및 직업배치를 결정하는 경우가 일반이다. 때문에 개인의 진로희망이 반영되는 폭이 매우 협소하고 학부모 입장에서는 같은 체제와 문화안에서 성장했으므로 한계를 벗어나지 못한다.

6. 탈북 청소년 진로교육의 전략과 방향

교육부 한국교육개발원 **탈북청소년교육지원센터**에서는 탈북학생의 정착과 성장을 위해 개인의 소질과 적성을 고려한 맞춤형 진로·진학 상담인 **'찾아가는 진로상담'**을 운영하고 있다. 진로 상담은 철저히 학교 맞춤형으로 이루어진다. 6~11월 중 학교가 원하는 시기에 진로·진학상담가, 심리상담가, 직업인 등 전문가로 구성된 팀이 진로설계의 중요성이 더 커진 상황에서 사회적 배려 대상자가 소외되지 않도록 찾아가서 활동하게 된다. 이러한 찾아가는 상담서비스는 인프라가 충분히 구축되지 않은 도서 벽지까지 신청할 수 있어 촘촘한 지원서비스로서 중요한 역할을 하고 있다. 상담 방식도 개인·집단상담, 멘토와의 만남 중에 학교가 원하는 방식으로 진행한다. 또 전문가가 상담내용이나 상담 방법을 구체화해 개별학교에 진로 상담 노하우를 전수하기 때문에 오지학교의 진로지도 관련 직무연수의 역할도 겸하게 된다.

다음으로 공부방을 활용한 진로교육을 장려해야 된다. 소규모 공부방을 활성화하여 한국 학생들과 탈북 청소년들이 함께 소통하면서 공부하도록 하는 방법은 사회적 편견을 없애는 좋은 방법이 될 수 있다. 이를 통해 아동 대상 방문 학습지 지원하고, 영어교육을 지원하여 외국어 능력도 향상지원 해야 된다. 또한 하늘꿈학교 같은 대안학교 지원을 통해 재정이 필요한 진로 프로그램들을 장려해야 한다. 여기에 1대1 멘토링 확대 등 다양한 탈북 청소년 교육 지원 사업을 통하여 시스템이 놓질 수 있는 부분을 촘촘하게 보완해 주어야 한다. 이러한 방법은 탈북 청소년이 거주하는 지역 특성과 환경 등을 고려한 맞춤형 대책이 될 수 있다. 소규모 공부방을 활성화, 한국 학생들과 탈북 청소년들이 함께 공부하도록 하는 방안이 바람직하다. 멘토링 사업은 학업과 진로격차를 줄일 수 있는 미시적 방법으로 바람직한 방법이 될 수 있다. 공부방에서 탈북 초·중학생은 한국 고등학생, 탈북 고등학생은 한국 대학생을 멘토로 삼아 공부하면 탈북 청소년들은 10대 학생들의 문화를 쉽게 이해할 수도 있고, 자신보다 상급생인 멘토의 도움을 받아 더욱 성숙한 진로태도를 갖출 수 있다. 뿐만아니라 한국 학생들도 탈북 청소년들을 이해하면서 탈북민에 대한 편견을 버리는 효과가 있다. 게다가 탈북 청소년 부모가 함께하는 학습 프로그램을 운영, 자녀 교육과 진로를 부모가 함께 고민하는 기회를 제공한다면 금상첨화라고 할 수 있다. 이러한 과정속에서 자본주의 사회의 특징인 경쟁 체제에서 탈북 청소년들이 성공할 수 있도록 학습량과 시험을 늘려 학업 경쟁을 유도해야 제대로 한국의 경쟁사회에 적응할 수 있다. 스스로의 자립과 경쟁에 적응시키기 위해 북한 이탈주민 대입특례전형의 점진적인 축소가 조심스럽게 이루어 져야할 여지도 있다.

다음으로 진로체험의 기회를 매년 정기적으로 제공해야 한다. 무엇보다 탈북학생은 인터넷, 학교, 가족, 신문, 친척, 친구 등을 통해 정보를 주로 얻고 있으며, 특히 교사와 선후배의 조언이 탈북 청소년들의 진로 결정에 큰 영향을 미치게 된다. 따라서 이들에게 평소 지속적으로 진로진학 관련 정보 및 체험기회를 제공하여 스스로 고민해보게 하고, 판단하는 가운데 자신의 진로선택 능력을 키울 수 있도록 하는 것이 필요하다. 특례입학 기회를 가진 탈북학생은 진로결정 과정에서 본인의 능력이나 소질을 고려하지 않고 단순히 졸업후 취업을 통하여 벌어들일 수 있는 소득 수준을 따져 사회적 선호도가 높은 진로나 직업을 선택하는 오류를 범할 수 있다. 이렇게 외현적 직업의 댓가에만 초점을 맞춰 대학에 진학하면 휴학하거나 중도탈락 하는 경우가 발생할 확률이 높다. 본인의 능력과 소질과 따라서 자신의 적성에 맞게 진로를 탐색하는 기회를 가질 수 있도록 다양한 체험 기회를 제공하는 것이 필요한데, 진로체험기회는 매년 3회 이상 충분히 주어져야 문화에 따른 결손 부분이 완화될 수 있다. 더불어 개인의 능력을 고려한 진로선택을 할 수 있도록 이끌어 주되, 자격증 취득이나 취업에 유리한 전문기술을 교육 받을 수 있도록 특성화고교나 전문대학 진학에 대한 정보를 알려주어 계속 교육을 통한 진로를 선택해 나갈 수 있도록 지원해 주어야 한다. 진로지도시에는 교사-학생의 신뢰관계 형성이 무엇보다 중요한데, 신뢰 관계가 형성되지 않은 상태에서 조언을 할 경우, 탈북학생이나 학부모가 이를 수용하지 않고 방어적인 자세를 취할 수 있다. 따라서 **'평상시 지속적인 소통과 멘토링'**을 통해 신뢰관계가 형성되어야 이를 기반으로 진로지도와 상담이 원활하게 이루어질 수 있다. 이때 탈북 청소년의 출신 및 매년 조금씩 바뀌는 북한이탈주민 지원제도와 정책을 확인하고, 상급학교 진학 시 특례입학 전형이 학교마다 어떻게 다른지 꼼꼼하게 파악할 필요가 있다.

7. 진로상담 교사들이 알아야 할 대입 특별전형

일단 지원 자격이 제일 중요하다. 「북한이탈주민의보호및정착지원에관한법」에 의한 북한이탈주민으로서 국내외 소재 고등학교 졸업자를 대상으로 한다. 여기에 「초중등교육법시행령」에 의해 교육감이 학력심의위원회의 심의를 거쳐 12년 이상의 우리나라 학교교육과정을 수료한 자에 상응한 학력을 가진 것으로 인정한 북한이탈주민으로 한정하고 있다. 교사라면, 여기에서 '**상응한 학력?**'에 대한 모호함 내지는 의문이 있을 수 있다. 북한이탈주민의 학력인정(초중등교육법시행령 제98조 제2항)에 대한 학력인정을 심의하기 위하여 교육감 소속으로 학력심의위원회를 두게되고, 12년 이상의 우리나라 학교교육과정을 수료한 자에 상응한 학력을 인정받고자 하는 북한이탈주민은 교육감이 정하는 바에 따라 학력인정 신청을 하여야 한다. 교육감은 학력심의위원회의 학력 심의를 거쳐 학력인정 여부를 결정하여 학력을 인정하게 되는데 어디서 신청하는지가 제일 중요하다. 바로 해당 주거지 소속의 '**각 시도 교육청**'이다. 대학에 제출해야하는 서류 및 지원 방법은 대학 자율로 결정하기 때문에 자기가 지원하고자 하는 대학교 홈페이지를 통하여 확인하는 것이 가장 정확하다. 일반적으로 필요한 공통서류는 지원하고자 하는 대학기관에 늦지 않게 제출하도록 모두 미리미리 준비해두는 것이 좋다. '**학력인정증명서 같은 경우 길게는 1달 전에 신청해야 발급**'받을 수 있으므로 한 달 전에 준비해야 한다. 5가지 서류는 다음과 같다.

- 북한이탈주민등록확인서 (거주 지역 시·군·구청 발급)
- 북한이탈주민 교육지원대상자증명서 (거주지역 주민센터)
- 학력확인서 (해당자에 한함, 거주 지역 시·군·구청 발급)
- 학력인정증명서 (거주 지역 시·도교육청 발급)

한 가지 유의해야 할 점은 북한이탈주민의 북한 고졸자는 거주하는 시·도교육청에서의 학력심의를 통해 학력인정증명서를 받아야 하고, 북한에서 대학 중퇴자와 졸업자는 통일부에서의 학력인정증명을 신청하여 학력인정증명서를 받아야 한다. 요구하는 필수서류를 제출하지 않으면 지원대학교에 입학할 수 없으므로, 대학교별 모집요강에 따른 제출 서류를 잘 준비할 수 있도록 진로교사의 코칭이 절실히 필요하다. 실례로 북한이탈주민 24세 여 k는 북한에서 중학교 6년을 졸업했기 때문에 대학 입학이 가능한 것을 알고 진학 준비를 나름 열심히 하였다. 하지만 대학 진학을 위해 구청에서 학력확인서를 발급받은 결과 충격에 휩싸였다. 바로 중학교 6학년 중퇴로 나와 있었기때문이었다. K는 조사 과정 중에 중학교 6학년을 다 다니기는 했지만 중간에 학교를 다니다 말다 했고 졸업식은 참석하지 않았다고 했다는 말이 떠올랐다. 이 때문에 조사과정에서 결국 향후 발급될 전산시스템에 북한 중학교 6학년 중퇴로 기록되게 되었다. 결국 k는 고등학교 졸업 자격을 인정받지 못해 그해 대학 진학을 울면서 포기하게 되었다. 서류 준비를 잘못하여 대학에 들어가지 못한 안타까운 사례도 있다. 북한이탈주민 25세 여 L은 대학 진학을 위해 북한 중학교 6년 졸업으로 기록 된 학력확인서를 제출하려고 준비하였다. 그런데 정작 대학교에서는 '**학력확인서가 아닌 학력인정증명서**'를 제출하라고 요청하였다. 어디서 떼어야 되는지 부랴부랴 알아보니, 본인 주거지의 시·도교육청이었다. 대학에 서류 제출 마감기한이 얼마 남지 않았는데 학력인정증명서를 발급받기 위해서는 시·도교육청에 학력심의신청서를 제출해야 한다는 청천벽력 답변을 들었다. 뒤늦게 찾아간 교육청에서는 지난주에 학력심의가 끝났고, 다음 학력심의는 1달 뒤에 열린다고 안내를 받았다. 결국 L은 교육청의 학력심의를 한달뒤 정해진 날짜에 받게 되어 자신이 원하는 대학에 서류 접수를 끝내 못했다던 안타까운 사연도 있었다.

여기서 중요한 것은 학력확인서는 북한에서 학교를 어디까지 다녔는지 통일부가 확인해 주는 문서인 반면, 학력인정증명서는 학력확인서의 학력사항을 확인해서 이것이 대한민국의 어떤 학력에 해당하는지 확인하는 문서로, 거주지역 시·도교육청에서 심사하여 결정해 주는 문서라는 점이다. 학력확인서가 있어야 시·도교육청에 학력심의를 요청할 수 있는데, 학력확인서를 발급받아서 학력심의를 받고, 또 심의를 신청을 통해 학력인정증명서를 발급받아야 하는 것을 잊으면 안된다. 북한은 언제 학교를 다녔느냐에 따라 수학기간이 다르므로 구체적인 사항은 거주 지역 시·도교육청 북한이탈주민학력심의 담당자에게 문의해야 한다. 학력심의를 받고자 하는 탈북 수험생은 거주지 교육청 홈페이지를 통해 학력심의 일정 등을 미리 숙지하고 신청후 1개월 내외의 시간이 걸릴 수 있으므로 미리 신청하는 것이 중요하다.

제 4 장

다문화 청소년의 진로교육

「다문화는 언어, 문화, 성별, 종교, 관습, 직업, 인종, 계층 등의 차이에 의해 발생하는 다양한 문화를 의미하고, 그러한 문화적 특성을 공유하는 사회를 다문화 사회라고 한다.」

1. 증가하고 있는 다문화 청소년의 현황

2022년 여성가족부에서 9세에서 24세 청소년 인구 814.7만명 및 2023년 청소년 인구 791.3만명을 대상으로 실시한 '2023년 청소년 통계' 자료를 살펴본 결과 지난해 초·중·고 다문화 학생은 16.9만명으로 **'국내 전체 학생 528.4만명의 3.2%'**를 이루고 있는 것으로 나타났다. 우리나라에서 17만명에 육박하는 다문화 학생은 지난 10년 동안 3배 정도 늘어난 것으로 보고되고 있다. 올해 청소년 인구가 791만 명을 기록해 800만명 이하로 감소했다. 10년 전부터의 감소추세로 볼 때, 국내 청소년 인구와 학령인구는 지속적으로 감소할 것으로 예측되는 반면 다문화 청소년 수는 꾸준히 증가 추세를 보임으로써 대조적임을 알 수 있다.

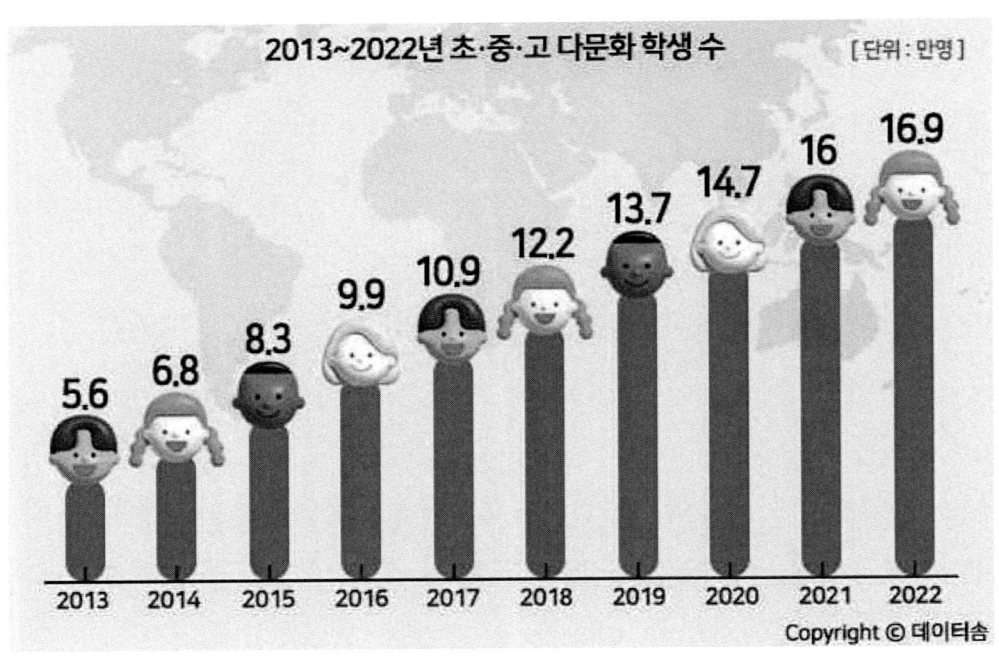

2. 다문화 청소년에게 영향을 미치는 1요인

한국 생활이 10년 넘어도 적응에 어려움을 겪는 부모들이 대다수이다. 가족 전 구성원이 통합 지원의 대상이 되어야 하는 이유이다. 문제는 부모의 우울감이 자녀의 방임으로 이어지는 악순환이 되풀이되는 데에 있다. 다문화 가정의 아이들도 자신들의 엄마가 행복하지 않다는 걸 느낌으로 안다. 엄마의 감정 스트레스는 자녀에게 그대로 전달된다. 그뿐이랴? 경제적으로 쪼들리는데 새로운 문화에 적응은 어렵고, 고향은 더 그리워지고, 배우자는 가면을 벗고 처음과는 반대로 간다. 그러한 상황에서 부모가 아이를 긍정적으로 대할 수 있을까? 특히나 한국 배우자의 수입이 변변하지 못한 경우가 많아 본인이 일을 하지 않으면 생활이 되지 않는 경우가 많다. 여기에 말을 제대로 못한다는 구실로 시댁의 구박까지 이어지면 그야말로 최악이다. 그 다음 단계가 바로 마음아픈 가출일 것이다. 남겨진자는 피해자 코스프레를 할 수 있지만 그 내면을 들여다보면 상황이 역전될 것이다. 실제로 베트남 출신 K씨는 줄곧 우울감에 시달렸다. 몇년 전부터 환청이 들리기 시작했다. 시도때도 없이 사람들이 수군거리는 소리가 들렸다. 흥분과 우울이 번갈아 일어나는 양극성 장애도 생겼다. K씨 상태가 심상치 않자 자녀들까지 이상 행동을 보였다. 유치원과 초등학교를 다니던 아이들에게 불안장애 증상이 나타났다. 다른 사람의 눈을 마주치지 못하고, 친구들과도 잘 어울리지 못했다. 그러나서 얼마 후에는 언어장애 판정도 받았다.

3. 다문화 청소년의 진로성숙도 수준

다문화청소년은 사회·경제적 자립을 위한 지원이 필요한 대상임에도 불구하고 현재 관련 정책적지원이 미비한 실정이다. 한국직업능력연구원이 2022년 실시한 조사 결과를 보면 다문화청소년이 인식하는 진로성숙도는 일반 청소년과 비교할 때 낮은 편이었으며, 국내출생 다문화청소년에 비하여 중도입국 다문화청소년의 자립기술 수준이 더 낮게 나타났다. 다문화청소년의 희망직업은 IT 전문가(7.6%), 교사(7.1%) 및 회사원(7.1%) 순으로 나타났고, 총 53가지 종류의 직업이 보고되어 다문화청소년의 희망직업이 매우 다양한 것으로 나타났다. 다문화청소년은 사회·경제적 자립을 위한 지원이 필요한 대상임에도 불구하고, 이와 관련된 정책적 지원은 여전히 미비한 수준이라는 점에서 취약하다고 할 수 있다. 여러 선행연구 결과를 살펴보면 다문화청소년의 자립준비에 이들의 진로에 대한 의식수준과 태도 등이 중요한 영향을 미치는 것을 알 수 있다. 다문화청소년이 진로·적성 관련 대화를 가장 많이 나누는 대상은 친구나 선배, 교사 순으로 나타났다. 다문화청소년이 최근 1년 이내에 실시한 진로탐색 준비행동으로는 '관심 있는 직업 분야에 대한 정보탐색'(78.6%)이 가장 많았고, '관심 있는 교육기관(학교, 학원)에 대한 정보탐색'(65.1%), '진로적성검사'(52.1%), '진로설계'(49.2%)가 그 뒤를 이었다. 의외로 '직업 체험'(32.8%)이 가장 낮게 보고되고 있다.

다문화청소년의 원활한 자립을 위해서는 이들의 배경과 특성을 고려하여 한국어 교육에 기반한 진로 및 직업교육 프로그램을 운영할 필요가 있다. 다문화청소년의 자립과 취업 지원은 중도입국 다문화청소년과 국내출생 다문화청소년 사이에 차별화된 지원이 필요하며, 특히 다문화가정 구성원 전반에 걸쳐 한국어 교육 지원과 함께 진로 및 직업교육이 이루어질 필요가 있다. 다문화청소년이 자립을 위해 지역사회 자원을 활용하거나 진로 및 직업에 관한 정보를 탐색하는 기술이 매우 취약했는데 이러한 문제는 그들 부모의 한국어 능력과 관련성이 높은 것으로 예상된다. 한국 입국 전 또는 입국 초에 한국어 예비학교를 필수적으로 이수하는 교육지원체계의 확립과 공교육권 내에서도 다문화청소년을 대상으로 한 체계적인 한국어 포함 이중언어 교육과 진로 및 취업 지원이 필요하며, 다문화 경험과 이중언어 능력 장점을 모국어별 직업분야 심화 직업언어 교재(예): 공업러시아어, 상업베트남어등)등 교육을 통해, 국제화 직업능력으로 향상시켜 취업 도움 요소로 작용할 수 있도록 지원이 필요하다. 다문화청소년의 자립 및 진로 관련 정보를 제공해 줄 수 있는 전담기관 및 전문가 육성과 함께 다문화 청소년에게 다양한 진로탐색의 기회를 제공하고 우리 사회에서 필요한 직업의 현장에서 체험할 수 있는 실습형 진로 및 취업 프로그램을 통한 진로 역량개발 프로그램이 개발되고 운영될 필요성이 있다. 또한 다문화 청소년들의 낮은 학업성취와 언어적 어려움, 낮은 자신감 같은 진로장애 요인을 제거해주는 노력을 기울여야 한다.

4. 다문화 진로상담에서 고려해야 할 사항

　다문화청소년은 다문화 상담은 내담자의 문화를 고려하고, 문화적 차이를 전제한 상담으로, 다문화 진로 상담은 인종, 성, 장애, 연령 등에 있어 소수이거나 약자이기 때문에 경험하는 현상들에 직면하여 진로발달을 이루도록 돕는 것이라 할 수 있다. 다문화 상담에서 고려해야 할 사항은 환경의 이해를 위해 상담의 초점이 개인으로부터 가족과 문화적 이슈로 옮겨질 필요가 있으며, 따라서 자기 지향적 조력과 관계 지향적 조력 사이의 균형이 필요하다. 먼저 사용하는 상담전략이 해당 문화권 내담자에게 적절한지 의식적으로 인식해야 하며, 문화에 근거한 치료의 방법을 추가적으로 공부하고 이해하여야 한다. 이때 이전 문화와 현재의 문화를 직업적 측면에서 대비시켜 상담하는 전략이 필요하다. 즉, 내담자 문제에 대한 문화적 영향이나 해당 문화에 대해 쉽게 유추하는 자세, 혹은 기존의 방법에 대한 확신을 가지고 개입하는 것은 다소 지나칠 수 있다. 일단 상담자는 내담자의 문화에 대해 개방성을 갖고, 이전의 문화와 진로분위기를 배우려는 자세를 유지할 필요가 있다. 또한 내담자가 보이는 호소문제가 단순히 개인적인 문제에서 발생한 것인지 환경적 맥락적 요인때문인지 신중을 기하여 파악하고 내담자 문제에 다문화의 특수성을 고려하여 진로와 관련된 검사나 평가도구의 문화적 적합성을 확인하는 것이 좋다. 아울러 평가 문항의 편향성, 친숙성, 측정개념과 구성요인 및 해석 기준의 적절성 등을 파악할 필요가 있다.

5. Bingham & Ward(1996)의 다문화 진로상담

1단계에서는 내담자의 문화권에서 적절한 치료적 관계 형성하기 위하여 내담자와 라포를 형성해야 한다. 2단계에서는 진로상담 주제가 누구인지 분명히 확인한다. 내담자가 가지는 호소문제를 구체화하고, 내담자의 진로결정 및 준비과정에서 '내담자가 진로선택을 제한하는 경험을 하고 있는가?', '어떠한 측면에서 그러한가?'를 확인해야 한다. 3단계에서는 내담자가 경험하는 환경, 맥락적 요인들이 내담자의 진로선택과 준비에 어떠한 영향을 미치고 있는지 구체적으로 확인해야 한다. 4단계에서는 상담자와 내담자가 동의하는 상담목표를 설정하고, 5단계에서는 문화적으로 적절한 상담개입을 해야 한다. 6단계에서는 내담자가 진로장벽에 대처할 수 있는 힘을 증진하고, 대처할 수 있도록 장단기 계획을 수립해야 한다. 7단계에서는 내담자의 수행과 진전을 검토하고 필요한 경우 추수 상담 실시한다.

1	내담자와 라포 형성
2	내담자 진로상담 주체 확인
3	문화적 요인들의 영향평가
4	상담목표 설정
5	문화적으로 적절한 상담개입
6	의사결정
7	진전검토 및 추수상담

6. Norman 등(2017)의 문화적 관점 진로상담과정

1단계에서는 상담자가 내담자의 삶의 경험을 이해하고, 내담자의 삶과 선택에 대해 관심을 보이는 작업동맹을 형성해야 한다. 2단계의 명료화단계에서는 내담자의 문화 특수변인과 개인차변인 정보를 수집해야 한다. 3단계 구체화단계에서는 내담자가 호소하는 진로와 관련된 주요 문제를 확인하고, 이러한 호소문제를 중심으로 문제의 발생요인과 유지요인, 내담자가 지각하는 장벽의 내용을 확인한다. 4단계에서는 내담자의 문제를 분명히 인식하고, 그 문제를 해결하기 위해 실질적으로 실행하는 단계이다. 이때, 중요한 것은 내담자가 선호하는 문제해결의 방향을 확인해야 한다. 5단계에서는 진로목표와 행동계획 전개하고, 내담자가 진로장애를 극복하고, 자기강점을 강화할 수 있도록 지지해야 한다. 6단계에서는 상담결과를 평가하고 상담관계를 종결하되, 내담자의 도움이 필요할 경우 추수상담이 가능함을 알려준다.

1	상담시작 및 작업동맹 형성하기
2	내담자의 정보 수집하기
3	내담자에 대한 가설 설정하기
4	내담자 문제 해결 실행하기
5	진로목표와 행동계획 전개하기
6	상담결과 평가하고, 상담관계 종결하기

7. 다문화 청소년의 진로 특징

다문화 청소년들의 경우 일반 청소년들에 비해 자아인식 정도가 낮고, 인지 및 정서, 학업 성취도 측면에서 안타까운 측면이 있다. 친구와의 관계적 측면에서도 안정적이지 못한 상황에 놓여 있기 때문에 일반 청소년들보다 더욱 복잡하고 어려운 진로문제를 경험할 가능성이 높다. 다문화가정 자녀들이 일반가정 자녀들에 비해 경제적 어려움과 언어적 소통부재에서 오는 부정적 자아인식으로 인하여 자존감이 낮을 수 있고, 이로 인해 학업효능감 역시 낮을 뿐만 아니라 학교 생활에서나 교우관계에서 회피현상을 보이거나 자아 정체감의 모호성을 경험할 확률이 높다. 따라서 다문화 청소년들의 진로발달에 있어서 본인들의 심리적 상태나 부모, 교사 또래와의 관계 설정이 중요한 요인으로 작용한다. 다문화 청소년들이 보이는 관계적 어려움이나 환경적 어려움 등의 여러 특성은 이들의 진로 선택과 결정에 부정적 영향을 줄 수 있다. 경험적 선행연구에 따르면 다문화 청소년들이 일반 청소년들에 비해 낮은 진로포부를 소유하고 있으며, 진로장벽은 더 많이 인지하고, 진로발달 정도는 낮음을 시사하는 연구들이 보고되고 있다. 자신들의 미래 직업에 대한 동경과 바람에 대한 생각은 일반학생들과 별반 다르지 않지만 막상 진로결정에 있어서는 진로 미결정, 또는 진로아노미 상태를 겪을 가능성이 많다. 때로는 상급학교 진학에 대하여 구체적으로 생각하지 못하고, 무기력 상태에 빠질 수도 있으며, 무관심하기도 한다.

8. 안티다문화의 문제

여성가족부의 다문화수용성조사에 의하면 '다른 문화의 사람들 수용에는 한계가 있다.'는 질문에 절반 이상이 '대체로 그렇다 또는 매우 그렇다'라고 응답하고 있다. 따라서 현재 사회구성원이 다문화주의에 대하여 관용적인 자세를 가지고 있지는 않는 것이 어느 정도 이해가 된다. 이유인 즉슨 외국인의 범죄 증가, 일자리, 영주권, 국적, 다문화가정에 대한 각종 정책 수혜 등의 특혜 등으로 인한 내국인이 받는 불이익, 역차별 등 부정적 인식을 이유로 든다. 이 같은 부정적 인식은 다문화에 대한 인식과 수용력이 자생적인 필요성에 의한 것이라기보다는 위로부터 시작하여 다문화주의가 무조건 '옳은 것'으로 인식된 것으로부터 오는 일종의 부작용으로 볼 수 이다. 즉, 사회구성원이 스스로 다문화주의에 대한 확신을 갖고 충분한 경험과 공감대를 형성하지 못한 채 시작된 다문화정책에 원인이 있다는 것이다. 또한 이주 노동자들의 인권 침해 문제가 주요 이슈로 떠오르면서 이들의 열악한 환경을 개선하고 결혼이주자들의 경제ㄱ사회ㄱ문화적 정착을 돕는데 정책의 초점이 맞추어지다 보니, 모든 문화를 아우르는 정책이 아니고 시혜적 다문화정책으로 변질 되었다는 점을 지적한다. 다문화가정이 사회적 약자가 아니라는 점에서 종종 공정성 논란을 일으키기도 하고, 무엇보다 반다문화주의자들은 과거 우리나라의 성장 원동력이 우리의 민족성 덕분이었음을 강조하며 다문화가 사회통합을 저해한다고 보고 있다.

9. 다문화 학생의 사례를 통한 집단상담 전략

「M은 우즈벡키스탄 아버지와 한국인 어머니를 둔 국제결혼 가정의 자녀로 중학교 2학년 여학생이다. 우즈벡키스탄서 태어나 생활하다가 최근 아빠가 마약투약 혐의로 경찰에 연행되면서부터 불화가 생겼고, 결국 합의이혼으로 인해 한국으로 어쩔 수 없이 중도입국하였다. 부모님의 갑작스러운 이혼과 생활환경의 변화로 인해 위축되고 불안해하는 마음이 크다. 그간 어머니와 한국어로 소통하였기 때문에 언어에 대한 어려움은 없으나 자신감이 없어 말을 거의 하지 않으려고 하며, 또래관계에도 어려움이 있다. 어머니가 한국인이라 한국문화를 자주 접해보기는 했지만 우즈벡키스탄에서 성장하여 러시아어와 우즈벡어를 사용할 때 더 편안함을 느낀다. 우즈벡 문화가 익숙한 상황이라 한국에 입국한 후에는 학교생활 적응에도 어려움을 겪고 있다. 다행히도, 외모 면에서는 이국적 분위기가 드러나지 않아 자신이 다문화가정 학생임을 숨기고 그럭저럭 지내고 있다. 하지만 어찌되었든 출생 국가에 대한 소속감의 불일치로 인해 정체성의 혼란을 경험하고 있다.」

이러한 경우에는 다문화학생의 정체감 형성을 위해 자기이해, 타인이해의 시간을 가질 수 있도록 해야한다. 다른 사람들과 긍정적으로 상호작용 할 수 있는 집단상담 프로그램을 운영하면서 자신에 대해 자연스럽게 개방할 수 있도록 유도할 필요가 있다. 이전 경험했던 문화를 긍정적으로 받아들일 수 있도록 유도한다.

집단상담 프로그램 예시

회기	일시	주제	활동
1	2024.06.07.(금) 17:00~20:00 (3시간)	나의 진로고민은?	• MBTI 검사 실시 • STRONG 직업흥미검사 실시
2	2024.06.14.(금) 17:00~20:00 (3시간)	자기이해 1) 흥미 & 성격	• 집단상담 구조화 및 집단목표 설정 • 진로와 관련된 서로의 고민 나눔 • MBTI 및 STRONG 직업흥미검사 통합해석 • 나의 흥미와 성격 나눔
3	2024.06.21.(금) 17:00~20:00 (3시간)	자기이해 2) 가치 & 능력	• 삶의 가치, 직업가치 카드 활동 • 나의 강점 찾기 • 나의 가치와 능력 나눔
4	2024.06.26.(수) 17:00~20:00 (3시간)	자기이해 3) 역할점검 + 직업탐색	• 생애무지개 활동(역할 및 책임감 나눔) • 직업정보 탐색방법 학습 • 자기이해+직업정보탐색 통합
5	2024.07.05.(금) 17:00~20:00 (3시간)	진로목표 설정 및 계획	• 지금까지 설정한 진로목표 및 계획 나눔 • 예상되는 어려움 및 대처방안 공유 • Feedback 및 종결

에릭슨(Erikson, 1968)의 심리사회적 발달이론에 따르면, 인간은 평생에 걸쳐 '자신이 누구인가'라는 자아정체감을 찾아가는 존재이고, 자아정체감의 형성은 인간의 주요 발달과업이라고 규정하였다. 특히 청소년기는 '나는 누구인가'라는 자아정체성 형성이 가장 역동적으로 이루어지는 시기라고 보는데, 이는 개인의 노력과 내면에서 형성되는 것이 아니라, 주변의 의미 있는 타자들(significant others)과의 사회적 관계로부터 영향을 받으면서 형성되는 것이라고 하였다. 따라서 타자들과 다문화 청소년들의 처음 관계설정이 지지적이면서도 긍정적으로 이루어져야 한다.

10. 다문화 청소년과 진로탄력성

다문화 청소년들에게 있어서 진로 탄력성은 다른 어떤 역량보다 필요하다. 사람이라면 실패를 경험하지 않고 성공만 하기는 어렵다. 진로장벽을 넘어서서 다시 자신의 진로를 개척하는 도전정신의 하드코어가 바로 진로탄력성이라 할 수 있다. 진로탄력성(Career Resilience)이란 진로 장벽을 이겨내고 다시 시작할 수 있는 힘으로서 진로 관련 역경 상황에 직면했을 때 변화하는 환경에 적응하고, 자신의 진로를 관리하여 자신이 세운 진로 목표를 상황에 적합하게 수정하여 추구할 수 있는 역량이라 할 수 있다. '진로탄력성'이란 진로와 관련해 위기와 어려움이 닥쳐도 유연하게 대처하고 극복해 내는 역량으로, 미국 심리학자 마뉴엘 런던(Manuel London)은 '**진로탄력성의 구성 요소를 긍정적 마음, 자기 주도성, 적응 유연성, 사회적 관계성**'이라 규정하였다. 다문화 청소년은 결국 우리나라의 주인으로서 미래를 스스로 만들가야 할 사람이다. 낮은 문화이해 수준과 원활하지 못한 언어소통으로 인하여 언제까지 의기소침해서 앉아 있을 수만은 없다. 해당 학생들의 언어와 문화이해 수준이 낮을 뿐, 미래 구성 역량이 부족한 것은 아니란 점에서 다문화 청소년들의 진로탄력성을 증신 시켜줄 전략적 방안들이 필요하다. 이에 진로탄력성 구성요인에 따른 프로그램들을 어떻게 구성해야 하는지 전략을 세울 필요가 있다. 언어능력을 향상시키기 위해 토의·토론을 통한 의사 표현 능력의 증진을 위하여 '**하부루타+진로프로그램**'도 좋다.

11. 하부루타 어떻게 진로와 연결시키지?

'하부루타'는 유대교의 전통적인 학습 방식 중 하나로, 두 명 이상의 학생이 특정 주제에 대해 토론하면서 깊이 있는 학습을 하는 방식을 말합니다. 이 방식은 학생들이 주제를 더 깊게 이해하도록 돕고, 비판적 사고력과 토론 능력을 향상시키는 데 효과적입니다. 진로교육에 하부루타 방식을 적용하려면 다음과 같이 진행할 수 있습니다. ①주제선정: 진로에 관련된 주제를 선정한다. 예를 들어, "자신이 가장 관심 있는 직업과 그 직업을 선택한 이유", "특정 직업의 장단점", "자신의 장래희망과 그 이유" 등이 될 수 있다. ②토론 준비: 학생들에게 주제에 대해 미리 연구하고 생각해 오도록 한다. 이 과정에서 학생들은 자신의 생각과 견해를 정리하고, 토론에 필요한 정보를 수집한다. ③토론 진행: 학생들이 짝을 이루거나 소그룹을 형성하여 토론을 진행한다. 학생들은 서로의 의견을 듣고, 자신의 생각을 나누며, 주제에 대해 더 깊이 있는 이해를 도출한다. ④피드백 및 반성: 토론이 끝난 후에는 학생들이 자신의 의견과 다른 사람의 의견에 대해 반성하고, 토론 과정에서 배운 점을 정리한다. 이때 교사나 지도자는 학생들의 토론을 관찰하고, 필요한 피드백을 제공해야 한다. 하부루타 방식의 진로교육은 학생들이 자신의 진로에 대해 깊이 생각하고, 다양한 진로에 대한 이해를 높이는 데 도움이 된다. 또한, 이 방식은 학생들이 자신의 의견을 명확하게 표현하고, 다른 사람의 의견을 존중하는 능력을 키우는 데도 유용하다.

12. 다문화 청소년에게 진로탄력성이 중요한 이유

　미래사회의 예측 중 다수가 동의하는 것은 사회가 무서운 속도로 변화한다는 것이다. 급변하는 사회에서 고정된 진로를 결정한다는 것은 확률의 속성을 무시하는 것이다. 실패하지 않고 성공에 이르는 길 또한 그리 많지 않을 것이다. 진로에 대한 성공을 추구하는 것에 목적을 두기보다는 진로와 관련된 여러 실패를 이겨내는 힘을 기르는 것에 포커스를 맞추어야 한다. 진로는 한번 결정하면 결코 돌이킬 수 없는 것이 아니라 선택의 과정에서 변화하고 때로는 유연하게 번복할 수 있는 것으로 이해되어야 한다. 진로탄력성이 높은 사람은 자기 능력을 낮추거나 부정하지 않고 스스로를 긍정적으로 인식한다. 실패나 어려움에 부딪힐 때 두려워하기보다 오히려 적극적으로 대처하며, 결과가 어떻든 시도자체에 의미를 두고 높은 자존감을 유지한다. 유연하게 사고하며 타인과의 협력과 소통을 통해 문제를 해결한다. 즉 진로교육은 직업을 결정하는 교육이 아닌 진로를 스스로 찾아가는 힘을 기르고 그 과정을 조력하는 교육이라 할 수있다. 다문화 청소년은 국내에서 경험하는 모든 것이 새롭고, 낯설고, 때론 두렵다. 진로탄력성이 충분하다면 변화를 두려워하기보다 즐기고, 실패의 먼지를 털고 의연하게 일어나 다음 기회를 노리면서 노력하게 된다. 절망과 암울한 상황에서도 극복할 수 있다는 긍정적인 마음을 갖고, 타인에 의존하지 않으며 새로운 관계를 형성해 나가면서 진로장벽을 극복하고, 사회변화에 적응하게 된다.

13. 사례와 강점을 살려 진로교육 하기1

 오래전부터 大韓民國은 '백의민족, 단일민족' 국가로 유명하다. 또 '한민족'이라는 말도 심심찮게 접하고 했다. 단일민족은 구성원이 하나의 민족으로 구성되었다는 것을 의미하고 그래서인지 몰라도 보니 '우리'라는 말을 참 자주쓰면서 '우리나라'라는 국수적 성격의 용어를 편안하게 사용하여 왔다. 그러나 인류는 농경사회에서 산업혁명을 겪으면서 현재의 4차 산업혁명 속의 신기술 사회로 변화했다. 단일민족 국가였던 한국도 다문화라는 변화의 바람이 불고 있다. 다문화가정은 세계적 추세로, 미국의 경우 다문화가정 비율이 40%를 넘는다. 다문화가정은 일반가정보다 타문화에 대한 이해가 높게 나타난다는 강점이 있고, 이질문화에 대해 오픈된 마인드를 견지하는 특성이 짙다는 잇점이 있다. 이러는 과정 속에서 한국사회에 안정적으로 정착해 나가고 있는 다문화 학생과 직업인들의 사례는 다문화 청소년들이 건강한 직업의식을 바탕으로 진로를 계획하고 준비할 수 있는 역량을 기르는 데에 동인(動因)과 길잡이 역할을 할 수 있다. 초·중등 각종 학교를 포함하여 확인된 다문화 학생수는 2023년 181,178명으로 전년 대비 12,533명(7.4%↑) 증가하여, 2012년 조사 시행 이후 지속적인 증가 추세를 보였으며, 다문화 학생 수 비율 역시 전년 3.2%에 비하여 3.5%로 0.3%p 상승하였다. 매년 만명이 넘게 증가하는 다문화 학생들의 진로활동 우수사례를 찾아 모범을 부여줌으로써 동기부여를 해주는 것은 무엇보다 필요한 일이

14. 사례와 강점을 살려 진로교육 하기2

　맞춤형 진로교육을 위한 체계적 시스템을 구축한 학교는 많지 않다. 대부분의 학교와 기관은 소극적으로 약간의 배려 수준에 머물러 있고 적극적으로 진로를 개발하여 역량을 배양하는 액티비티는 별로 없다. 진로와 직업의 선택은 대부분 학생의 직접적 또는 간접적인 진로체험과 유의미한 경험에서 비롯된다. 다문화 학생들은 진로포부는 크나 겪는 경험의 세계가 빈약하고 미래를 일찍 체념해서인지 대부분 실용적인 전문기술을 배우는 것으로 본인의 진로를 작고 협소하게 선택한다. 정부의 근시안적인 특성화 위주의 진로정책도 문제점을 가중시킨다. 이러한 문제점의 해결을 위해 중등학교에서 필수적으로 진로진학상담교사를 활용한 진로상담과 진로교육이 주기적으로 이뤄져야 한다. 그러나 현재는 진로상담과 진로교육이 비정기적으로 이뤄지거나 아예 없는 학교가 많다. 다문화 학생의 특기를 발견하고 그역량을 배양하고 이를 활용한 진로탐색과 교육을 통해 적극적인 진로생애설계를 할 수있다. 또한 강점위주의 자기주도성을 제고 시킬 수 있는 방안들이 있다. 하지만 다수의 다문화 청소년들은 대부분이 본인의 적성보다도 실용적인 기술쪽의 일을 생각하는 경향이 짙다. 예컨대 제과제빵, 커피바리스타, 미용 등이다. 특히, 중국에서 태어난 청소년들은 실용 기술을 배워서 다시 중국으로 돌아갈 생각도 하고, 조선족 다문화 청소년들도 기술을 익힌다음 부모들의 고국으로 돌아갈 생각을 하는 있다.

15. 사례와 강점을 살려 진로교육 하기3

다문화 진로교육은 학생들의 다양한 배경과 문화를 인정하고 존중하면서, 자신의 능력과 관심을 바탕으로 의미있는 진로를 선택하도록 돕는 교육방식이다. 따라서 진로교육에 이러한 특징을 가미하여 진로교육 프로그램을 제작할 수 있을 것이다. 첫째 문화적 배경의 이해와 존중하는 마음을 갖도록 프로그램을 만들 수 있다. 학생들의 문화적 배경을 이해하고 존중하는 것은 다문화 진로교육의 기본적인 시작점이다. 학생들이 자신의 문화를 자랑스럽게 여기고, 다른 문화에 대한 이해와 존중을 배울 수 있도록 하는 활동을 포함시키는 것이 중요하다. 예를 들어, 학생들이 자신의 문화적 배경과 그것이 자신의 가치관, 목표, 진로 선택에 어떻게 영향을 미치는지 공유하는 시간을 가질 수 있다. 다음 능력과 관심 기반의 진로 탐색이다. 학생들이 자신의 능력과 관심을 바탕으로 진로를 탐색할 수 있도록 돕는 것이 중요하다. 이를 위해, 학생들이 다양한 직업에 대해 배우고, 그 중에서 자신의 능력과 관심에 맞는 직업을 찾아보는 활동을 진행할 수 있다. 이 때, 다양한 문화적 배경에서 온 사람들이 어떤 직업을 가지고 있는지, 그리고 그들이 어떻게 그 직업을 선택하게 되었는지에 대한 사례를 소개하는 것도 매우 유익할 것이다. 이어서 멘토링 프로그램을 실시할 수 있다. 다문화 배경의 학생들에게는 자신과 비슷한 배경을 가진 성공적인 역할 모델을 만나는 기회를 제공하는 것은 꿈을 심어줄 수 있는 유익한 시간이 될 수도 있다.

16. 다문화 진로교육 모범사례 활용전략

다문화 진로프로그램 중 모범사례를 벤치마킹 할 필요가 있다. 먼저 다문화 직업 박람회를 꼽을 수 있다. 여기서는 다양한 문화적 배경을 가진 전문가들이 참여하여 자신의 직업과 경험에 대해 학생들에게 공유하는 행사를 개최한다. 그리고 이를 통해 학생들은 다양한 직업을 직접 접하고, 자신과 유사한 배경을 가진 사람이 어떤 직업을 가지고 있는지 오감을 통해 보며 진로에 대한 고민을 할 수 있다.

다음 문화교류 프로젝트다. 여기서는 학생들이 서로 다른 문화적 배경을 가진 사람들과 교류하며, 다양한 배경과 경험을 바탕으로 진로에 대한 고민을 할 수 있도록 하는 프로젝트를 실시한다. 이런 활동을 통해 학생들이 다양한 문화적 배경을 이해하고 타인을 존중하는 동시에, 본인의 드넓은 진로에 대한 이해도를 한층 높이는 계기가 될 수 있다.

이어서 다문화 멘토링 프로그램이다. 다양한 배경을 가진 멘토들이 학생들에게 진로에 대한 조언과 지원을 제공하는 프로그램을 운영한다. 멘토는 학생들이 직면할 수 있는 도전과 문제를 이해하고, 그것들을 극복하는 방법을 제공하여 학생들이 성공적인 진로를 선택할 수 있도록 안내한다. 한편 이러한 모범 사례를 바탕으로, 초등학교, 중학교, 고등학교에서의 다문화 진로교육 전략은 다음과 같이 구성될 수 있습니다:

①초등학교: 초등학교에서는 학생들에게 다양한 직업에 대한 기본적인 이해를 제공하고, 그들의 흥미와 잠재력을 발견하도록 돕는 것이 중요하다. 이를 위해, 직업에 관한 이야기나 토론, 직업체험 활동 등을 포함하는 프로그램을 진행할 수 있다. 또한, 학생들이 다양한 문화에 대해 배우고 이해하는 활동도 중요하다. 연령이 낮을수록 다문화에 대한 범주적 구분이 모호해 질 수 있기 때문에 초등학교 교육프로그램은 타문화에 대한 장점 소개 및 신기하고 아름다운 사례위주로 구성하면 효과가 높다.

②중학교: 중학교에서는 학생들이 자신의 관심과 능력을 바탕으로 진로를 탐색하도록 지원하는 것이 중요합니다. 이를 위해, 다양한 직업에 대한 연구 프로젝트, 직업관련 특강, 직업 박람회 방문 등의 활동을 실시할 수 있다. 또한, 학생들이 다양한 문화적 배경을 가진 사람들의 진로 경험을 듣고, 그것을 자신의 진로 선택에 반영할 수 있도록 돕는 것도 중요하다. 타인에 대한 모범사례를 자신과 연결하여 받아들이고, 자신도 할 수있다는 자신감을 갖게 되는 경우가 많다.

③고등학교: 고등학교에서는 학생들이 자신의 진로목표를 구체화하고, 그 목표를 달성하기 위한 계획을 세우도록 지원하는 것이 중요하다. 이를 위해, 진로상담, 진로관련 교육프로그램, 실무경험 프로그램 등을 제공할 수 있다. 또한, 학생들이 다양한 배경을 가진 사람들의 진로경험과 성공사례를 듣고, 그것을 자신의 진로계획에 반영할 수 있도록 돕는 것도 중요하다. 다문화진로성공사례를 역할극이나 진로연기로 해보는 것도 의미있다.

17. 다문화 진로교육의 실패사례 활용전략

다문화 진로교육이 실패하는 경우는 주로 문화적 인식의 부족에서 비롯되는 경우가 많다. 학교 또는 교육자가 학생들의 다양한 문화적 배경에 대한 충분한 이해 없이 진로교육을 진행하는 경우, 학생들이 자신의 배경과 가치를 반영하지 못하는 진로 선택을 할 수 있다. 예를 들어, 어떤 학교에서는 모든 학생들에게 같은 진로교육을 제공하여, 특정 문화적 배경을 가진 학생들이 그들의 문화적 가치와 경험을 진로선택에 반영하지 못하게 할 수 있기 때문이다. 다음으로 단일 진로에 대한 과도한 강조를 할 경우 다문화 학생들은 다양한 분야를 알지도 못한채 특정 진로에만 얽매여 시간을 허비할 수도 있다. 특정 진로나 직업에 대한 과도한 강조는 학생들이 자신의 흥미나 능력을 반영하는 진로를 선택하는 것을 어렵게 만들 뿐만 아니라 균형있는 진로에 쏟아 넣어야 할 에너지를 엉뚱한 곳에 투입할 수가 있다. 예를 들어, 학교가 특정 직업(예: 의사, 변호사, 검사 등)에 대한 성공사례만을 강조하면, 학생들은 다른 직업에 대한 이해를 하지 못하고, 자신의 능력, 흥미조차 반영하지 못하는 진로를 선택할 수 있는 위험성이 있다. 다음으로 학부모와의 소통 부족으로 인한 실패를 들 수 있다. 학부모와의 소통이 부족하면 부모는 자녀의 진로선택을 이해하고 지원하는 데 어려움을 겪을 수 있다. 이는 학생들이 부모의 지원 없이 진로를 선택해야 하거나, 부모의 기대와 다른 진로를 선택할 때 부딪히는 어려움을 증가시킬 수 있다.

18. 다문화 진로교육의 프로그램의 예시

-학습목표: "다문화 진로 탐색" 프로그램은 학생들이 다양한 문화적 배경을 가진 사람들의 직업과 그들의 진로 경험을 이해하고, 그것을 자신의 진로 선택에 반영할 수 있도록 돕는 것을 목표로 한다.

1. 주제 소개 및 논의 (1주)
-학생들에게 프로그램의 목표와 주제를 소개함.
-다양한 문화와 직업에 대해 시청각 자료를 통해 시청함.
-학생들과 함께 다양한 문화와 직업에 대해 논의하고, 그들의 생각과 견해를 반 전체가 공유함.

2. 직업 탐색 (3주)
-학생들이 다양한 직업에 대해 연구하고, 그 중에서 흥미가 가는 직업을 선택하여 보고서를 작성함.
-보고서에는 선택한 직업의 업무내용, 필요한 능력과 자격, 그리고 그 직업을 가진 다양한 문화적 배경을 가진 사람들의 경험 등을 포함함.

3. 직업인 인터뷰 (2주)
-학생들은 선택한 직업을 가진 사람을 찾아 인터뷰를 진행함. 가능하다면, 다양한 문화적 배경을 가진 사람을 인터뷰하는

것을 권장함.
- 인터뷰에서는 그 사람의 직업 경험, 진로 선택 과정, 그리고 그의 문화적 배경이 직업과 진로에 어떤 영향을 미쳤는지에 대해 질문함.

4. 프로젝트 발표 (1주)
- 학생들은 인터뷰 및 연구결과를 바탕으로 프로젝트를 발표함.
- 발표에서는 선택한 직업에 대한 정보, 인터뷰한 사람의 경험, 그리고 그것이 자신의 진로 선택에 어떤 영향을 미칠 것인지에 대해 공유함.
- 자신이 새롭게 알아낸 다문화적 강점요소를 말하고 쓰게 함.

5. 프로그램 평가 및 반성 (1주)
- 학생들은 프로그램을 통해 배운 점, 느낀 점을 공유하고, 자신의 진로에 대한 생각을 반성함.
- 교사나 지도자는 학생들의 발표와 반성을 바탕으로 프로그램을 평가하고, 앞으로의 진로 교육에 대한 계획을 세움.

프로그램 효과: 이 프로그램을 통해 학생들은 다양한 직업과 다양한 문화적 배경을 가진 사람들의 진로 경험에 대해 배우고, 강점을 위주로 하여 그것을 자신의 진로선택에 반영하는 기회를 가질 수 있을 것이다.

19. 해외의 다문화 진로교육 우수 운영사례

　미국 New York City의 Internationals Network for Public Schools 이 네트워크는 이민자 또는 이중 언어를 사용하는 학생들을 위한 공립학교를 운영하고 있다. 학생들은 학교에서 제공하는 다양한 직업체험 프로그램을 통해 미국의 직업 시장에 대한 이해를 높이고, 진로를 탐색한다. 또한, 학생들의 다양한 문화적 배경을 인정하고 존중하는 교육 환경을 제공하여, 학생들이 자신의 배경과 경험을 진로 선택에 반영할 수 있도록 조력한다.

　캐나다 Toronto District School Board(TDSB)의 Newcomer Services를 예로들 수 있다. TDSB는 새로 이주한 학생들과 그들의 가족들을 지원하기 위해 Newcomer Services를 제공하고 있다. 이 서비스는 학생들이 캐나다의 교육 시스템과 사회에 적응하도록 돕는 데 초점을 맞추며, 진로교육과 상담도 포함하고 있다. 학생들은 자신의 능력과 흥미를 바탕으로 진로를 탐색하고, 캐나다의 직업세계에 대한 이해를 높일 수 있다. 이러한 사례들은 다문화 진로교육에서 중요한 원칙을 보여주는데 즉, 학생들의 다양한 배경과 경험을 인정하고 존중하면서, 그들이 진로를 탐색하고 선택할 수 있도록 지원하는 것이다. 이를 통해 학생들은 자신의 능력과 흥미, 그리고 문화적 배경을 모두 반영하는 진로를 선택할 수 있다. 학습에 있어서 개별화 맞춤형교육이 알차듯이 진로에 있어서도 개별화 맞춤형 진로교육이 필요한 이유다.

20. 싱가포르의 학교 진로교육

싱가포르에서의 진로교육은 국가 차원에서 체계적으로 이루어지는 특징이 있다. 2017년, 싱가포르 교육부는 'Skills Future'라는 전략을 통해 학생들이 진로를 탐색하고 자신의 능력과 흥미를 발견하도록 크게 3가지의 차원에서 지원해오고 있다.

첫째, 진로 및 교육상담(Education and Career Guidance, ECG)이다. 모든 학교에서 ECG 상담사가 배치되어 학생들의 진로 탐색을 지원한다. 학생들은 개인상담, 진로관련 워크샵, 대학 및 직업박람회 방문 등 다양한 활동을 통해 진로에 대해 탐색하고 고민할 수 있다.

둘째, 실무체험프로그램(Work Experience Programme)이다. 중·고등학교 학생들은 여름 방학 동안 다양한 직업을 체험할 수 있는 기회를 제공받는데 이를 통해 학생들은 실제 직장에서의 경험을 쌓고, 다양한 직업에 대한 이해를 높일 수 있다.

셋째, 미래 기술 교육 (Future Skills Curriculum)이다. 싱가포르 교육부는 미래사회에서 요구되는 기술교육을 강화하는 차원에서 코딩, 인공지능, 데이터 분석 등의 교육 프로그램을 실시하며, 학생들이 미래 직업 시장에 대비할 수 있도록 발바르게 지원하고 있다. 싱가포르는 다문화 사회를 반영하여 다양한 배경을 가진 학생들이 자신의 능력과 흥미를 바탕으로 진로를 탐색하고 선택할 수 있도록 지원하고 있으며 학생들은 자신의 미래에 대한 책임감을 갖고, 적극적으로 진로를 탐색하고 계획할 수 있다.

21. 중국의 진로교육

　중국의 진로교육은 철저한 입시교육으로 학생들이 대학 진학을 위해 준비하는 교육과정을 의미한다. 중국은 고등학교 이후 대학에 진학하는 비율이 매우 높은 나라로 알려져 있다. 진로교육은 학생들이 대학에 진학하기 위해 필요한 지식과 기술을 습득하도록 돕는 목적으로 설계되었다. 이를 위해 중국의 학교체계는 대학 입시를 중심으로 모든 교육과정이 구성되어 있다. 따라서 학생들은 고등학교에서 다양한 과목을 수강하면서 학문적인 역량을 키우고, 대학입시를 위한 시험에 대비한다. 중국의 진로교육은 대학입시에 초점이 맞추어져 있다. 학생들은 대부분 중요한 시험인 "고교 수능"에 대비하며, 고등학교 3학년 때 이 시험을 보게 된다. 이 시험의 성적이 좋을수록 좋은 대학에 진학할 수 있는 기회가 높아진다. 한편 중국의 진로교육은 학생들에게 전공 선택의 중요성을 강조한다. 학생들은 중학교 시절부터 관심 분야나 흥미 있는 분야를 선택하여 깊이 있는 공부를 할 수 있도록 지원받는다. 이를 통해 대학진학 후에도 관심 분야에 대한 전문 지식을 보다 깊게 연구하고 발전시킬 수 있다. 이렇게 중국의 진로교육은 실무중심이라기보다 대학진학을 목표로 하고 있고, 학생들에게 다양한 교육과정과 입시 시스템을 제공하여 준비할 수 있는 기회를 제공하고 있지만 과도한 경쟁과 압박으로 인해 학생들에게는 부담이 될 수도 있으며, 학생들의 건강한 성장과 균형 잡힌 교육환경을 위한 개선이 필요하다.

22. 일본의 진로교육

일본의 진로교육은 학생들이 직업 또는 대학진학을 위해 준비하는 교육과정을 의미한다. 일본은 진로교육을 통해 학생들이 자신의 능력과 관심 분야에 맞는 진로를 선택하고 준비할 수 있도록 지원하고 있다. 일본의 진로교육은 고등학교 이후에 중점적으로 이루어지는 편이다. 고등학교 3학년에 해당하는 시점에서 학생들은 진로선택을 위한 다양한 지원과 상담을 받게 된다. 진로선택은 학생의 흥미, 능력, 성격 등을 고려하여 결정되며, 학생들은 진로에 따라 필요한 과목을 수강하고 준비한다. 대학진학을 목표로 하는 학생들은 대학입시에 대비하여 공부한다. 대학입시는 국내 수능시험과 마찬가지로 일본에서도 중요한 사회적 이슈로 인식되며, 학생들은 대학입시를 위해 많은 노력을 기울인다. 대학입시 시스템은 일본 내에서도 다양한 형태로 운영되며, 일반적으로 대학별로 독자적인 입시 시험을 실시하는 대학별고사를 채택하고 있다. 한편, 일본의 진로교육은 학생들에게 직업교육을 제공하는 측면이 강하다. 일례로 학생들이 직업 기술을 습득하고 실무경험을 쌓을 수 있도록 다양한 직업교육 기관과 제도를 운영하여 학생들이 직업선택에 대한 정보와 기술을 습득할 수 있도록 안내하고 있다. 일본의 진로교육은 학생들이 자신의 능력과 관심을 기반으로 적절한 진로를 선택하고 준비할 수 있도록 지원하는 체계로 진로선택에 따라 대학진학을 통해 학문적인 경험을 쌓거나, 직업교육을 통해 실무능력을 향상시킬 수 있다.

23. 영국의 진로교육

　영국의 학교 진로교육은 학생들이 진로선택과 대학진학을 위한 지원을 받을 수 있는 듀얼형 교육과정이다. 영국은 교육체계와 진로지원 시스템을 통해 학생들이 자신의 잠재력을 개발하고 원하는 분야에서 성공할 수 있도록 케어한다. 영국의 학교 진로교육은 초등학교부터 시작하여 고등학교까지 이어지는 과정이며 학생들은 학교 내에서 진로에 관한 정보와 자원을 제공받으며 능력과 관심에 맞는 진로선택을 할 수 있도록 지원받는다. 고등학교 시절에는 자신의 관심 분야를 탐색하고 전공에 필요한 기초 지식을 습득할 수 있도록 진로선택을 위한 다양한 과목을 수강한다. 또한 진로상담사나 교사들이 학생들과 개별적으로 상담을 진행하여 학생들의 목표와 능력을 고려한 진로계획을 수립하는데 도움을 준다. 영국의 대학 입시 시스템은 학생들의 학업 성취도, 지원동기, 개인적인 역량 등을 종합적으로 평가한다. 한편, 영국은 직업 교육에도 주목하고 있다. 학생들은 직업 교육 기관에서 다양한 직업 기술과 실무경험을 습득할 수 있다. 이를 통해 학생들은 대학 진학 이외에도 직업분야에서 진로를 개척할 수 있는 기회를 얻을 수 있다. 영국의 학교 진로교육은 학생들이 자신의 능력과 관심 분야에 맞는 진로를 선택하고 준비할 수 있도록 다양한 지원을 제공하고, 진로상담, 다양한 과목선택, 대학 입시 시스템, 직업 육 등을 통해 학생들은 자신의 잠재력을 최대한 발휘하고 원하는 분야에서 성공할 수 있는 기반을 마련한다.

24. 독일의 3가지 유형의 학교 진로교육

독일의 진로교육은 초등학교, 중학교, 고등학교 3단계로 나누어져 있다. 각 단계에서 학생들은 학교급에 맞추어진 진로교육과 관련하여 다양한 지원을 지원받을 수 있다.

①초등학교(Grundschule): 독일의 진로교육은 초등학교부터 시작된다. 초등학교는 보통 4년간 이수하며, 학생들은 다양한 학문과 예체능 분야를 경험하고 기초적인 학습을 한다. 초등학교에서는 학생들의 성향과 능력을 파악하기 위해 진로와 관련된 테스트나 상담을 진행하기도 한다.

②중학교(Hauptschule, Realschule, Gymnasium): 중학교 단계에서는 학생들이 진로 선택과 관련된 준비를 시작한다. 독일에는 세 가지 유형의 중학교가 있다. Hauptschule은 직업교육에 중점을 둔 유형의 중학교이다. 학생들은 기초적인 학문과 함께 실무 기술을 배우며, 직업 술을 습득할 수 있는 특징이 있다. Realschule: Realschule은 학문과 직업교육을 조합한 블랜디드 유형의 중학교라고 할 수 있다. 학생들은 학문적인 과목을 공부하면서도 다른 한편으로 실무 기술을 습득할 수 있는 장점이 있다. Gymnasium: Gymnasium은 대학 진학을 목표로 하는 유형의 중학교입니다. 학생들은 직업교육 보다는 고급 수준의 학문을 공부하고 순수하게 대학진학을 위한 준비를 한다.

③고등학교(Gymnasium, Gesamtschule, Berufsschule): 고등학교 단계에서는 학생들이 대학 진학 또는 직업 교육을 위한 준비를 색깔있게 한다. 다양한 유형의 고등학교가 있으며, 학생들은 자신의 관심과 능력에 맞는 학교를 선택할 수 있다.

Gymnasium: Gymnasium은 대학 진학을 위해 고급 수준의 학문을 공부하는 유형의 고등학교다. 이곳에 다니는 학생들은 대학 입학을 위한 과목을 선택하고 준비하는 것에 초점을 둔다.

Gesamtschule: Gesamtschule은 학문과 직업 교육을 통합한 유형의 믹스형 고등학교라고 할 수 있다. 학생들은 대학 진학 또는 직업 교육을 선택할 수 있는 장점이 있다. 아무래도 직업교육을 선택할지, 대학입학을 선택할지 뚜렷하게 결정하지 못한 학생들이 다수 재학하고 있다. Berufsschule: Berufsschule은 직업 교육에 중점을 둔 유형의 고등학교이다. 학생들은 직업현장과 관련있는 실무기술을 배우고 직업기술을 습득한다. 독일의 진로교육은 학생들이 자신의 능력과 관심에 맞는 진로를 선택하고 준비할 수 있도록 다양한 교육과정과 학교 재학시스템을 제공하고 있다. 학생들은 한번의 선태으로 쫓기지 않고, 자신을 탐색하면서 기호와 성격, 흥미에 따라 학교를 선택하게 되며, 대학 진학이나 직업 분야에서 성공적인 미래를 위한 기반을 마련할 수 있다. 독일은 중학교에서 3개의 방향성이 다른 학교로 후회스럽게 입학하여 다녔더라도, 고등학교때 다시 진로를 선회하고자 마음먹으면 다시 한번 진로선택의 기회가 주어진다는 점에서 다른 나라와 차별화 된 장점을 찾을 수 있다.

25. 독일 진로교육의 장점

　독일의 진로교육은 자신의 능력과 관심에 맞는 진로를 선택하고 준비할 수 있도록 안내한다는 점에서 배울 점이 많다. 독일은 직업 교육에 실질적인 중점을 두고 있다. 독일의 진로교육은 대학 진학 외에도 직업 교육에 큰 중점을 두고 있는데 학생들은 고등학교 단계에서부터 직업기술을 배우고 실 경험을 쌓을 수 있다. 따라서 학생들은 대학 진학 이외에도 직업 분야에서 성공할 수 있는 기회를 얻을 수 있게 된다. 또한 독일은 진로 상담과 개별 지원으로 학생들을 케어한다. 학생들은 학교 내에서 진로에 대한 조언과 도움을 받을 수 있으며, 자신의 흥미와 능력을 고려한 진로계획을 수립할 수도 있으며 자신의 잠재력을 발견하여 목표를 향해 나아갈 수 있다. 또 다른 강점은 다양한 진로를 선택할 수 있다는 점이다. 독일은 다양한 유형의 학교를 운영하여 자신의 관심과 능력에 맞는 진로를 선택할 수 있도록 안내한다. 고등학교 유형 중에는 대학진학을 목표로 하는 Gymnasium과 직업교육에 중점을 둔 Berufsschule 등이 있다. 학생들은 자신의 성향과 목표에 맞게 학교를 선택할 수 있으며 자신의 관심 분야에서 성공할 수 있는 기회를 얻을 수 있다. 마지막 강점은 역시 실무중심의 교육이다. 독일의 진로교육은 이론뿐만 아니라 실무기술을 강조한다. 학생들은 학교에서 실제 산업현장과 연계하여 실무 경험을 쌓을 수도 있다. 따라서 학생들은 이론적인 지식뿐만 아니라 실제 업무에 필요한 기술도 습득할 수 있다.

26. 다문화 학생들을 위한 직업체험

　다문화 학생들을 위한 직업체험은 진로선택에 도움을 주는 중요한 활동으로 학생들은 다양한 직업에 대한 이해를 높이고, 자신의 능력과 흥미를 발견하며, 실제 작업환경을 체험함으로써 자신에게 맞는 진로를 선택하는 데 도움을 받을 수 있다. 일반적으로 다음 5가지를 중심으로 직업체험활동 프로그램을 작성하는 경우가 제일 많고 무난한 편이다.

　①다양한 직업 체험 프로그램 운영: 다양한 직업군을 대상으로 한 체험 프로그램을 운영하여 학생들이 흥미에 따라 선택하고 다양한 직업을 경험하게 하는 것이 중요하다. 이는 학생들이 다양한 직업에 대한 이해를 높이고, 자신의 능력과 흥미를 바탕으로 진로를 선택하는 데 도움이 되기 때문이다.

　②현장 방문 체험: 실제 작업장을 방문하여 직업을 체험하는 것은 학생들에게 매우 유익한 경험을 제공한다. 이를 통해 학생들은 직업의 실제적인 면모를 이해하고, 실제 작업환경을 경험하여 진로선택에 도움을 받을 수 있다.

　③멘토링 프로그램: 다양한 직업군의 전문가들을 멘토로 초청하여 학생들과의 만남을 주선하는 것이 도움이 된다. 멘토들은 자신의 직업과 관련된 이야기를 공유하고, 학생들의 질문에 답하며, 학생들이 직업을 이해하고 체험하는 데 도움을 줄 수 있다.

　④진로 탐색 활동: 직업 체험 외에도 학생들이 자신의 흥미와 능력을 바탕으로 진로를 탐색하는 활동을 독려하는 것이 중요하

다. 이를 위해 진로 탐색 워크숍이나 직업 관련 게임, 토론 등의 활동을 포함시킬 수 있다.

⑤**문화적 차이 고려**: 다문화 학생들을 대상으로 하는 직업 체험에서는 그들의 문화적 배경을 고려하는 것이 중요하다. 이를 위해 다양한 문화적 배경을 가진 학생들이 참여할 수 있도록 체험 프로그램을 설계하고, 멘토들이 학생들의 문화적 차이를 이해하고 존중할 수 있도록 교육하는 것이 필요하다.

~(직업체험 프로그램 예시)~

예를 들어, 학교에서는 "다문화 직업 체험 주간"을 계획할 수 있습니다. 이 주간 동안 학생들은 다양한 직업 분야의 전문가들을 만나고, 그들의 일상업무를 체험하게 된다.

❶**시작워크숍**: 주간의 시작을 알리는 워크숍에서는 학생들에게 다가오는 주간의 활동 계획을 소개하고, 다문화 사회에서의 직업의 중요성에 대해 이야기한다.

❷**직업체험**: 각각의 날짜에는 다른 직업을 탐색한다. 예를 들어, 월요일에는 의사나 간호사로서의 일을 체험하고, 화요일에는 엔지니어나 과학자의 업무를 체험하며, 수요일 교사나 교육자의 일을 체험한다.

❸**현장방문**: 학생들이 직접 사람들이 일하는 환경을 체험할 수 있도록, 병원, 연구소, 학교 등의 장소를 방문한다. 학생들은 직업을 체험하면서 실제로 어떤 환경에서 일하는지를 이해할 수 있다.

❹**멘토링세션**: 각 체험 활동 후에는 전문가들이 학생들의 질문에 답하고, 그들의 경험과 지식을 공유하는 멘토링세션을 진행한다.

❺**프로젝트작업**: 체험주간의 마지막에는 학생들이 프로그램 적용 동안 배운 것을 바탕으로 체험한 직업에 대해 더 깊고 넓게 탐색한다.

27. 다문화 학생들을 위한 직업체험의 예시

주제: "다문화 청소년을 위한 건축가 체험 프로그램"

1일차: 건축의 세계 소개
❶워크숍: 건축의 기본개념, 건축가의 역할 및 업무대한 소개
❷강연: 프로 건축가의 생생한 경험 공유 및 질의 응답 시간

2일차: 건축 디자인 체험
❶실습 세션: 간단한 건축 디자인 프로젝트를 진행 및 체험
❷멘토링: 건축가 멘토와의 자유로운 토론 및 사적 질 시간

3일차: 현장 방문
❶현장 방문: 건설현장을 방문하여 실제 건축물 및 업무 관찰
❷멘토링: 현장에서 일하는 건축가와의 대화 및 질문 시간

4일차: 모형 제작
❶실습 세션: 학생들이 직접 건축모형 제작, 건축가 업무체험
❷멘토링: 프로 건축가의 전문가 피드백 및 자유로운 상호평가

5일차: 프로젝트 발표 및 평가
❶프로젝트 발표: 각 팀이 자신의 건축 디자인과 모형을 발표
❷평가 및 인증서 수여: 전문가들의 피드백 및 인증서 수여

프로그램을 통해 다문화 학생들은 건축가의 업무를 체험하고, 자신의 창의력을 발휘해 볼 수 있다. 활동을 하면서 자신의 능력과 흥미를 발견하고, 진로선택에 어느정도 도움을 받을 수 있다.

28. 다문화가정 학생들의 직업체험 시 유의사항

　다문화 학생들을 위한 직업 체험 활동을 계획하고 실행할 때, 고려해야 할 몇 가지 주요 사항들이 있다 첫째, 참여하는 모든 사람들에게 적용되는 원칙으로 다문화 학생들의 문화적 배경을 이해하고 존중하는 것이 제일 중요하다. 따라서 활동이 학생들의 문화적 가치와 경험을 존중하도록 설계되어야 하며, 학생들은 자신의 문화적 정체성을 유지하면서도 다양한 직업에 대해 배울 수 있어야 한다. 둘째, 참여 학생들의 개별적인 필요, 흥미, 능력을 고려하여야 한다. 흥미와 능력에 어느정도 부합하는 직업을 체험을 하도록 설계해야 참여도도 높다. 셋째, 언어장벽을 극복해야 한다. 다문화 학생들 중 일부는 한국어에 어려움을 겪을 수 있다. 이러한 학생들이 활동에 전적으로 참여할 수 있도록, 필요한 경우 통역서비스를 제공하거나 언어지원 프로그램을 동시에 지원하는 것도 넛지적 발상이다. 넷째, 다양한 직업체험의 제공이다. 다문화 학생들이 다양한 직업을 체험하고 이해할 수 있도록 폭넓은 체험활동을 제공해야지만 보다 넓은 직업세계에 대한 소양과 이해도를 높일 수 있다. 다섯째, 포용적인 환경조성이다. 모든 학생들이 안전하고 존중받는 환경에서 활동을 진행할 수 있도록 하는 것이 담보되어야 한다. 여섯째, 피드백과 평가이다. 체험활동이 끝난 후에는 학생들로부터 피드백을 받고, 활동의 효과를 평가하는 것이 중요하다. 활동의 효과를 확인하고, 개선할 점을 발견하여 다음 활동을 더욱 효과적으로 계획할 수 있다.

29. 학교 밖 다문화 청소년의 지원방안

　학교 밖 다문화 청소년을 지원하기 위한 방안은 학습적 측면과 진로적 측면에서 접근해 볼 수 있다. 먼저 학습적으로는 기초학습 내용을 보충하거나, 특정 영역에서의 심화학습을 지원할 수 있는 개인맞춤형 학습프로그램을 제공해야 한다. 이어서 언어 지원 프로그램이 뒷받침 되어야 한다. 다문화 청소년들 중 일부는 한국어에 어려움을 겪을 수 있다. 그들이 한국어를 마스터하면 학업성취도 뿐만 아니라 사회적인 응집력도 높일 수 있다. 한국어 교실을 운영하거나, 온라인으로 학습할 수 있는 한국어 학습 자료를 제공하는 등의 방법이 있다. 여기에 문화교육 프로그램을 운영할 필요가 있다. 다문화 청소년들이 자신의 문화와 한국 문화를 동시에 이해하고 존중할 수 있도록 안내하는 것이 건강한 성장에 도움이 된다. 다음 진로적 측면의 지원방안으로는 첫째, 직업체험 프로그램의 운영이다. 다양한 직업에 대한 체험을 통해 직업에 대한 실질적인 이해를 높이고, 자신에게 맞는 진로를 탐색하도록 도움을 주어야 한다. 여기에 멘토링 프로그램도 필요하다. 각 분야의 다문화 출신 전문가들을 멘토로 초청하여 선배들의 모범사례를 피부로 느끼고, 진로에 대한 조언을 얻을 수 있는 기회를 제공해야 한다. 다음, 경제적 어려움으로 진학, 직업교육에 부담을 느끼는 청소년들을 위한 장학제도를 마련하는 것이 절실하다. 장학제도는 자존심 때문에 표현못하는 다문화 청소년들의 미래에 실질적이고, 근본적인 도움이 될 수 있다.

30. 다문화 청소년의 경제적 지원방안

　경제적으로 어려운 다문화 가정의 학생들을 지원하기 위한 방안을 살펴볼 필요가 있다. 학교라는 제도 안에서 생각해보면, 첫째 방법은 장학금 프로그램이다. 장학금은 학비, 교재비, 학원비 등 교육비용을 지원하여 학생들이 교육을 계속 받을 수 있도록 지원해 준다. 지역사회, 기업, 정부, 비영리 단체 등 다양한 기관에서 장학금 프로그램을 운영하고 있는데 이를 적극적으로 연계 활용할 필요가 있다. 둘째, 교육지원 프로그램이다. 학교 이외의 교육기관이나 공공기관에서 무료 또는 저렴한 비용으로 학습지원 프로그램을 제공하고 있다. 이는 학생들이 학업에 필요한 자원을 얻을 수 있게 도와주는 인프라가 될 수 있다. 셋째는 교육용품 지원이다. 학교바자회나 기부 프로그램을 통해 교육용품, 학교교복, 체육복 등을 지원받을 수 있을 것이다. 넷째, 영양지원 프로그램이다. 학교에서 무료급식을 제공하거나, 지역사회에서 무료식사제공 프로그램을 운영하여 학생들의 영양상태를 개선하는 데 관심을 가져야 한다. 다섯째, 취업 및 진로지원 프로그램이다. 고등학교 졸업 후 취업이나 진학을 위한 멘토링, 인턴십, 직업훈련 등 다양한 프로그램을 제공하여 학생들이 미래를 준비하는 데 늦지 않도록 케어해 주어야 한다. 여섯째, 심리적 지원이다. 가정의 경제적 어려움은 학생들의 정서적 스트레스를 불러올 수 있다. 학교 상담사, 지역사회 상담센터, 비영리 단체 등을 통해 겉으로 드러내지 못하는 심리적 지원을 받을 수 있다.

31. 다문화 청소년의 언어 지원방안

다문화 학생들의 문제를 가만히 들여다보면, 거의 두 가지일 확률이 높다. 하나는 경제적 어려움이고, 다른 하나는 언어적 의사소통이다. 의사소통의 문제를 해결하기 위하여 한국어 강화 프로그램이 있다. 한국어를 모국어로 하지 않는 대상의 기본적인 언어능력을 키우는 프로그램으로 기본문법, 어휘, 발음을 강조하여 학생들이 일상생활에서 한국어를 능숙하게 사용할 수 있도록 지원해야 한다. 여기서 이중언어 교육 프로그램도 같이 운영되면 좋다. 이중언어 사용으로 한국어 언어능력을 향상시키고, 다문화 정체성도 인정하고 존중하는 데 기여할 수 있다. 다음 튜터링 및 멘토링 프로그램이다. 한국어를 잘 하는 학생이나 교사, 또는 자원봉사자가 한국어 학습에 어려움을 겪는 학생을 도와주는 프로그램으로 개인 또는 소그룹 튜터링을 통해 학생들이 한국어를 보다 효과적으로 배울 수 있도록 지원한다. 여기서 어학 소프트웨어 및 온라인 리소스를 활용하면 시너지 효과를 낼 수 있다. 다양한 어학학습 소프트웨어와 온라인자원을 활용하여 학생들이 자신의 속도와 수준에 맞게 언어를 학습할 수 있도록 해야한다. 끝으로 학부모 워크숍이나 세미나를 통해 학부모들이 자녀의 언어 학습을 어떻게 도울 수 있는지에 대한 정보와 전략을 제공한다면 학생들의 언어적 능력이 향상될 수 있다. 이상의 언어적 지원은 결국 다문화 학생들의 학업성취에도 영향을 미치게 되고, 나아가서는 국가·사회적 통합에도 기여하게 될 것이다.

<참고문헌>

교육부(2022). '제6차 특수교육 발전 5개년 계획(2023~2027).
한국교육개발원(2015). 한국교육개발원 영재학생 진로코칭·상담매뉴얼 p. 22.
Greene, M. J.(2006). Helping build lives: Career and life development of gifted and talented students. Professional School Counseling, 10(1), 34-42.)
한국장학재단(2020). 다문화탈북학생 멘토링 멘토 가이드북
이대학보 https://inews.ewha.ac.kr/news/articleView.html?idxno=71002
한국전문대학교육협의회(2023). 2023학년도 북한이탈주민 특별전형 입시자료집 (전문대학).
여성가족부(2023). '2023년 청소년 0-9통계' 결과.
데이터솜. (http://www.datasom.co.kr).
변숙영 외(2022). 취약청소년의 자립과 취업지원 방안.
국가평생교육진흥원(2017). 다문화학생 진로·진학 지도를 위한 교사용 매뉴얼 PM2017-9.
Erikson, E. H. (1968). Identity: Youth and Crisis. New York, NY: Norton.
국립특수교육원(2021). 장애학생 학부모 상담지원체계 구축 방안.
교육부(2019)장애학생 진로·직업교육 활성화 방안('20~'22).
Renzulli, J. S. (2016). The three-ring conception of giftedness: A developmental model for promoting creative productivity. In S. M. Reis (Ed.), Reflections on gifted education: Critical works by Joseph S. Renzulli and colleagues (pp. 55-90).

나가며

　호텔리어부터 AI매니저, 데이터매니저까지 4차 산업혁명의 도래로 인하여 발달장애인의 직업 및 산업 트렌드가 이전에 비하여 확장되었다. 우영우 같은 로스쿨을 수석 졸업한 자폐인 변호사를 우리 현실에서 찾아보긴 어렵다지만 비장애인과 함께 다양한 산업군에서 보통사람 못지않게 일하는 발달장애인들은 우리 사회 곳곳에 숨어있다. 자율주행 인공지능(AI) 데이터를 관리하는 '데이터매니저', 테마파크·놀이공원에서 근무하는 '캐스트', 호텔 객실·식음료 서비스를 제공하는 '호텔리어'까지… 발달장애인 일자리는 공공·민간기관 지원을 바탕으로 산업 트렌드에 따라 넓혀가고 있다. 사회적 약자보호의 원칙에 따라 특정한 직무를 개발할 때마다 발달장애인 특성과 산업 트렌드의 접점을 생각하고, 발달장애인도 원활히 수행할 수 있는 업무들로 세분화하는 과정을 거친다면 어떨까? 어려움을 겪는 사람들이 신체적으로 우위에 있는 사람들을 상대로 직업이라는 공존의 게임장에 서로의 역할을 하면서 보란 듯이 어울려 살아갈 것이다. 사실 자폐성 장애인은 정확하고 꼼꼼하다는 강점이 있다. 지적장애인은 단순하면서 반복적인 업무에도 지루함을 느끼지 않고 근면성실하게 일을 할 수 있다. 미래사회의 예측 중 다수가 동의하는 것은 기술이건 사회건 무서운 속도로 변한다는 것이다. 급변하는 사회에서 고정된 진로를 결정한다는 것은 확률의 속성을 무시하는 것이다. 실패하지 않고 성공에 이르는 길 또한 그리 많지 않을 것이다.

■ 저자약력

- 춘천교육대학교 졸업

- 고려대학교 대학원 졸업(교육학 석사)

- 서울대학교 대학원 졸업(교육학 박사)

- 한국스포츠정책과학원 연구원(2019-2020)

- 인천대학교 사범대학 강사(2021년 2학기)

- 수원대학교 객원교수(2022년 2학기)

- 현)건국대학교 교육대학원 진로상담대학원 강사(2023년 2학기)

- 현)유원대학교 교직교양학부 강사(2023년 2학기)